Золотая роза

Константин Паустовский

СОДЕРЖАНИЕ

Литература изъята из законов тления. Она одна не признает смерти.

Салтыков-Щедрин

Всегда следует стремиться к прекрасному.

Оноре Бальзак

Многое в этой работе выражено отрывисто и, быть может, недостаточно ясно.

Многое будет признано спорным.

Книга эта не является ни теоретическим исследованием, ни тем более руководством. Это просто заметки о моем понимании писательства и моем опыте.

Огромные пласты идейных обоснований нашей писательской работы не затронуты в книге, так как в этой области у нас нет больших разногласий. Героическое и воспитательное значение литературы ясно для всех.

В этой книге я рассказал пока лишь то немногое, что успел рассказать.

Но если мне хотя бы в малой доле удалось передать читателю представление о прекрасной сущности писательского труда, то я буду считать, что выполнил свой долг перед литературой.

ЗОЛОТАЯ РОЗА

Драгоценная пыль

Не могу припомнить, как я узнал эту историю о парижском мусорщике Жане Шамете. Шамет зарабатывал на существование тем, что прибирал ремесленные мастерские в своем квартале.

Жил Шамет в лачуге на окраине города Конечно, можно было бы обстоятельно описать эту окраину и тем самым увести читателя в сторону от основной нити рассказа Но, пожалуй, стоит только упомянуть, что до сих пор в предместьях Парижа сохранились старые крепостные валы В то время, когда происходило действие этого рассказа, валы были еще покрыты зарослями жимолости и боярышника и в них гнездились птицы.

Лачуга мусорщика приткнулась к подножию северного крепостного вала, рядом с домишками жестянщиков, сапожников, собирателей окурков и нищих.

Если бы Мопассан заинтересовался жизнью обитателей этих лачуг, то, пожалуй, написал бы еще несколько превосходных рассказов. Может быть, они прибавили бы новые лавры к его устоявшейся славе.

К сожалению, никто из посторонних не заглядывал в эти места, кроме сыщиков. Да и те появлялись только в тех случаях, когда разыскивали краденые вещи.

Судя по тому, что соседи прозвали Шамета «дятлом», надо думать, что он был худ, остронос и из-под шляпы у него всегда торчал клок волос, похожий на хохол птицы.

Когда-то Жан Шамет знал лучшие дни. Он служил солдатом в армии «Маленького Наполеона» во время мексиканской войны.

Шамету повезло. В Вера-Крус он заболел тяжелой лихорадкой. Больного солдата, не побывавшего еще ни в одной настоящей перестрелке, отправили обратно на родину. Полковой командир воспользовался этим и поручил Шамету отвезти во Францию свою дочь Сюзанну – девочку восьми лет.

Командир был вдовцом и потому вынужден был всюду возить девочку с собой. Но на этот раз он решил расстаться с дочерью и отправить ее к сестре в Руан. Климат Мексики был убийственным для европейских детей. К тому же беспорядочная партизанская война создавала много внезапных опасностей.

Во время возвращения Шамета во Францию над Атлантическим океаном дымилась жара. Девочка все время молчала. Даже на рыб, вылетавших из маслянистой воды, она смотрела не улыбаясь.

Шамет как мог заботился о Сюзанне. Он понимал, конечно, что она ждет от него не только заботы, но и ласки. А что он мог придумать ласкового, солдат колониального полка? Чем он мог занять ее? Игрой в кости? Или грубыми казарменными песенками?

Но все же долго отмалчиваться было нельзя. Шамет все чаще ловил на себе недоумевающий взгляд девочки. Тогда он наконец решился и начал нескладно рассказывать ей свою жизнь, вспоминая до мельчайших подробностей рыбачий поселок на берегу Ламанша, сыпучие пески, лужи после отлива, сельскую часовню с треснувшим колоколом, свою мать, лечившую соседей от изжоги.

В этих воспоминаниях Шамет не мог найти ничего смешного, чтобы развеселить Сюзанну. Но девочка, к его удивлению, слушала эти рассказы с жадностью и даже заставляла повторять их, требуя новых подробностей.

Шамет напрягал память и выуживал из нее эти подробности, пока в конце концов не потерял уверенность в том, что они действительно существовали. Это были уже не воспоминания, а слабые их тени. Они таяли, как клочья тумана. Шамет, правда, никогда и не предполагал, что ему понадобится возобновлять в памяти это ненужное время своей жизни.

Однажды возникло смутное воспоминание о золотой розе. Не то Шамет видел эту выкованную из почернелого золота грубую розу, подвешенную к распятию в доме старой рыбачки, не то он слышал рассказы об этой розе от окружающих.

Нет, пожалуй, он однажды даже видел эту розу и запомнил, как она поблескивала, хотя за окнами не было солнца и мрачный шторм шумел над проливом. Чем дальше, тем яснее Шамет вспоминал этот блеск – несколько ярких огоньков под низким потолком.

Все в поселке удивлялись, что старуха не продает свою драгоценность. Она могла бы выручить за нее большие деньги. Одна только мать Шамета уверяла, что продавать золотую розу – грех, потому что ее подарил старухе «на счастье» возлюбленный, когда старуха, тогда еще смешливая девушка, работала на сардинной фабрике в Одьерне.

— Таких золотых роз мало на свете, — говорила мать Шамета. — Но все, у кого они завелись в доме, обязательно будут счастливыми. И не только они, но и каждый, кто притронется к этой розе.

Мальчик Шамет с нетерпением ждал, когда же старуха сделается счастливой. Но никаких признаков счастья не было и в помине. Дом старухи трясся от ветра, а по вечерам в нем не зажигали огня.

Так Шамет и уехал из поселка, не дождавшись перемены в старухиной судьбе. Только год спустя знакомый кочегар с почтового парохода в Гавре рассказал ему, что к старухе неожиданно приехал из Парижа сын-художник, бородатый, веселый и чудной. Лачугу с тех пор было уже не узнать. Она наполнилась шумом и достатком. Художники, говорят, получают большие деньги за свою мазню.

Однажды, когда Шамет, сидя на палубе, расчесывал Сюзанне своим железным гребнем перепутанные ветром волосы, она спросила:

— Жан, а мне кто-нибудь подарит золотую розу?

— Все может быть, — ответил Шамет. — Найдется и для тебя, Сузи, какой-нибудь чудак. У нас в роте был один тощий солдат. Ему чертовски везло. Он нашел на поле сражения сломанную золотую челюсть. Мы пропили ее всей ротой. Это было во время аннамитской войны. Пьяные артиллеристы выстрелили для забавы из мортиры, снаряд попал в жерло потухшего вулкана, там взорвался, и от неожиданности вулкан начал пыхтеть и извергаться. Черт его знает, как его звали, этот вулкан! Кажется, Крака-Така. Извержение было что надо! Погибло сорок мирных туземцев. Подумать только, что из-за поношенной челюсти пропало столько людей! Потом оказалось, что челюсть эту потерял наш полковник. Дело, конечно, замяли, — престиж армии выше всего. Но мы здорово нализались тогда.

— Где же это случилось? — спросила с сомнением Сузи.

— Я же тебе сказал — в Аннаме. В Индо-Китае. Там океан горит огнем, как ад, а медузы похожи на кружевные юбочки балерины. И там такая сырость, что за одну ночь в наших сапогах вырастали шампиньоны! Пусть меня повесят, если я вру!

До этого случая Шамет слышал много солдатского вранья, но сам никогда не врал. Не потому, что он этого не умел, а просто не было надобности. Сейчас же он считал святой обязанностью развлекать Сюзанну.

Шамет привез девочку в Руан и сдал с рук на руки высокой

3

женщине с поджатым желтым ртом – тетке Сюзанны. Старуха была вся в черном стеклярусе, как цирковая змея.

Девочка, увидев ее, крепко прижалась к Шамету, к его выгоревшей шинели.

– Ничего! – шепотом сказал Шамет и подтолкнул Сюзанну в плечо. – Мы, рядовые, тоже не выбираем себе ротных начальников. Терпи, Сузи, солдатка!

Шамет ушел. Несколько раз он оглядывался на окна скучного дома, где ветер даже не шевелил занавески. На тесных улицах был слышен из лавчонок суетливый стук часов. В солдатском ранце Шамета лежала память о Сузи – синяя измятая лента из ее косы. И черт ее знает почему, но эта лента пахла так нежно, как будто она долго пробыла в корзине с фиалками.

Мексиканская лихорадка подорвала здоровье Шамета. Его уволили из армии без сержантского чина. Он ушел в гражданскую жизнь простым рядовым.

Годы проходили в однообразной нужде. Шамет перепробовал множество скудных занятий и в конце концов стал парижским мусорщиком. С тех пор его преследовал запах пыли и помоек. Он чувствовал этот запах даже в легком ветре, проникавшем в улицы со стороны Сены, и в охапках мокрых цветов – их продавали чистенькие старушки на бульварах.

Дни сливались в желтую муть. Но иногда в ней возникало перед внутренним взором Шамета легкое розовое облачко – старенькое платье Сюзанны. От этого платья пахло весенней свежестью, как будто его тоже долго держали в корзине с фиалками.

Где она, Сюзанна? Что с ней? Он знал, что сейчас она уже взрослая девушка, а отец ее умер от ран.

Шамет все собирался съездить в Руан навестить Сюзанну. Но каждый раз он откладывал эту поездку, пока наконец не понял, что время упущено и Сюзанна наверняка о нем позабыла.

Он ругал себя свиньей, когда вспоминал прощание с ней. Вместо того чтобы поцеловать девочку, он толкнул ее в спину навстречу старой карге и сказал: «Терпи, Сузи, солдатка!»

Известно, что мусорщики работают по ночам. К этому их понуждают две причины: больше всего мусора от кипучей и не всегда полезной человеческой деятельности накапливается к концу дня, и, кроме того, нельзя оскорблять зрение и обоняние парижан. Ночью же почти никто, кроме крыс, не замечает работу мусорщиков.

Шамет привык к ночной работе и даже полюбил эти часы

суток. Особенно то время, когда над Парижем вяло пробивался рассвет. Над Сеной курился туман, но он не подымался выше парапета мостов.

Однажды на таком туманном рассвете Шамет проходил по мосту Инвалидов и увидел молодую женщину в бледном сиреневом платье с черными кружевами. Она стояла у парапета и смотрела на Сену.

Шамет остановился, снял пыльную шляпу и сказал:

— Сударыня, вода в эту пору в Сене очень холодная. Давайте-ка я лучше провожу вас домой.

— У меня нет теперь дома, — быстро ответила женщина и повернулась к Шамету. Шамет уронил свою шляпу.

— Сузи! — сказал он с отчаянием и восторгом. — Сузи, солдатка! Моя девочка! Наконец-то я увидел тебя. Ты забыла меня, должно быть Я — Жан Эрнест Шамет, тот рядовой Двадцать седьмого колониального полка, что привез тебя к этой поганой тетке в Руан. Какой ты стала красавицей! И как хорошо расчесаны твои волосы! А я-то, солдатская затычка, совсем не умел их прибирать!

— Жан! — вскрикнула женщина, бросилась к Шамету, обняла его за шею и заплакала. — Жан, вы такой же добрый, каким были тогда. Я все помню!

— Э-э, глупости! — пробормотал Шамет. — Какая кому выгода от моей доброты. Что с тобой стряслось, моя маленькая?

Шамет притянул Сюзанну к себе и сделал то, на что не решился в Руане, — погладил и поцеловал ее блестящие волосы. Тут же он отстранился, боясь, что Сюзанна услышит мышиную вонь от его пиджака. Но Сюзанна прижалась к его плечу еще крепче.

— Что с тобой, девочка? — растерянно повторил Шамет.

Сюзанна не ответила. Она была не в силах сдержать рыдания. Шамет понял — пока что не надо ее ни о чем расспрашивать.

— У меня, — торопливо сказал он, — есть логово у крепостного вала. Далековато отсюда. В доме, конечно, пусто — хоть шаром покати. Но зато можно согреть воду и уснуть в постели. Там ты сможешь умыться и отдохнуть. И вообще жить сколько хочешь.

Сюзанна прожила у Шамета пять дней. Пять дней над Парижем подымалось необыкновенное солнце. Все здания, даже самые старые, покрытые копотью, все сады и даже логово Шамета сверкали в лучах этого солнца, как драгоценности.

Кто не испытал волнения от едва слышного дыхания

спящей молодой женщины, тот не поймет, что такое нежность. Ярче влажных лепестков были ее губы, и от ночных слез блестели ресницы.

Да, с Сюзанной все случилось именно так, как предполагал Шамет. Ей изменил возлюбленный, молодой актер. Но тех пяти дней, какие Сюзанна прожила у Шамета, вполне хватило на их примирение.

Шамет участвовал в нем. Ему пришлось отнести письмо Сюзанны к актеру и научить этого томного красавчика вежливости, когда тот хотел сунуть Шамету несколько су на чай.

Вскоре актер приехал в фиакре за Сюзанной. И все было как надо: букет, поцелуи, смех сквозь слезы, раскаяние и чуть надтреснутая беззаботность.

Когда молодые уезжали, Сюзанна так заторопилась, что вскочила в фиакр, забыв попрощаться с Шаметом. Тут же она спохватилась, покраснела и виновато протянула ему руку.

— Раз уж ты выбрала себе жизнь по вкусу, — проворчал ей напоследок Шамет, — то будь счастлива.

— Я ничего еще не знаю, — ответила Сюзанна, и слезы заблестели у нее на глазах.

— Ты напрасно волнуешься, моя крошка, — недовольно протянул молодой актер и повторил: — Моя прелестная крошка.

— Вот если бы кто-нибудь подарил мне золотую розу! — вздохнула Сюзанна. — Это было бы наверняка к счастью. Я помню твой рассказ на пароходе, Жан.

— Кто знает! — ответил Шамет. — Во всяком случае не этот господинчик поднесет тебе золотую розу. Извини, я солдат. Я не люблю шаркунов.

Молодые люди переглянулись. Актер пожал плечами. Фиакр тронулся.

Обыкновенно Шамет выбрасывал весь мусор, выметенный за день из ремесленных заведений. Но после этого случая с Сюзанной он перестал выбрасывать пыль из ювелирных мастерских. Он начал собирать ее тайком в мешок и уносил к себе в лачугу. Соседи решили, что мусорщик «тронулся». Мало кому было известно, что в этой пыли есть некоторое количество золотого порошка, так как ювелиры, работая, всегда стачивают немного золота.

Шамет решил отсеять из ювелирной пыли золото, сделать из него небольшой слиток и выковать из этого слитка маленькую золотую розу для счастья Сюзанны. А может быть, как говорила ему мать, она послужит и для счастья многих простых людей. Кто знает! Он решил не встречаться с Сюзанной, пока не будет готова эта роза.

Шамет никому не рассказывал об этом. Он боялся властей и полиции. Мало ли что придет в голову судебным крючкам. Они могут объявить его вором, посадить в тюрьму и отобрать у него золото. Ведь оно было все-таки чужое.

До поступления в армию Шамет батрачил на ферме у сельского кюре и потому знал, как обращаться с зерном. Эти познания пригодились ему теперь. Он вспомнил, как веяли хлеб и тяжелые зерна падали на землю, а легкая пыль уносилась ветром.

Шамет построил небольшую веялку и по ночам перевеивал во дворе ювелирную пыль. Он волновался до тех пор, пока не увидел на лотке едва заметный золотящийся порошок.

Прошло много времени, пока золотого порошка накопилось столько, что можно было сделать из него слиток. Но Шамет медлил отдавать его ювелиру, чтобы выковать из него золотую розу.

Его не останавливало отсутствие денег, – любой ювелир согласился бы взять за работу треть слитка и был бы этим доволен.

Дело заключалось не в этом. С каждым днем приближался час встречи с Сюзанной. Но с некоторых пор Шамет начал бояться этого часа.

Всю нежность, давно уже загнанную в глубину сердца, он хотел отдать только ей, только Сузи. Но кому нужна нежность поношенного урода! Шамет давно заметил, что единственным желанием людей, встречавшихся с ним, было поскорее уйти и забыть его тощее, серое лицо с обвисшей кожей и пронзительными глазами.

У него в лачуге был осколок зеркала. Изредка Шамет смотрелся в него, но тотчас же с тяжелым ругательством отшвыривал прочь. Лучше было не видеть себя – эту неуклюжую образину, ковылявшую на ревматических ногах.

Когда роза была наконец готова, Шамет узнал, что Сюзанна год назад уехала из Парижа в Америку и, как говорили, навсегда. Никто не мог сообщить Шамету ее адрес.

В первую минуту Шамет даже испытал облегчение. Но потом все его ожидание ласковой и легкой встречи с Сюзанной превратилось непонятным образом в железный заржавленный осколок. Этот колючий осколок застрял у Шамета в груди, около сердца, и Шамет молил бога, чтобы он скорее вонзился в это хилое сердце и остановил его навсегда.

Шамет бросил прибирать мастерские. Несколько дней он

пролежал у себя в лачуге, повернувшись лицом к стене. Он молчал и только один раз улыбнулся, прижав к глазам рукав старого пиджака. Но никто этого не видел. Соседи даже не приходили к Шамету – у каждого хватало своих забот.

Следил за Шаметом только один человек – тот пожилой ювелир, что выковал из слитка тончайшую розу и рядом с ней, на одной ветке, маленький острый бутон.

Ювелир навещал Шамета, но не приносил ему лекарств. Он считал, что это бесполезно.

И действительно, Шамет незаметно умер во время одного из посещений ювелира. Ювелир поднял голову мусорщика, достал из-под серой подушки золотую розу, завернутую в синюю помятую ленту, и не спеша ушел, прикрыв скрипучую дверь. От ленты пахло мышами.

Была поздняя осень. Вечерняя темнота шевелилась от ветра и мигающих огней. Ювелир вспомнил, как преобразилось после смерти лицо Шамета. Оно стало суровым и спокойным. Горечь этого лица показалась ювелиру даже прекрасной.

«Что не дает жизнь, то дает смерть», – подумал ювелир, склонный к дешевым мыслям, и шумно вздохнул.

Вскоре ювелир продал золотую розу пожилому литератору, неряшливо одетому и, по мнению ювелира, недостаточно богатому, чтобы иметь право на покупку такой драгоценной вещи.

Очевидно, решающую роль при этой покупке сыграла история золотой розы, рассказанная ювелиром литератору.

Запискам старого литератора мы обязаны тем, что кое-кому стал известен этот горестный случай из жизни бывшего солдата 27-го колониального полка Жана Эрнеста Шамета.

В своих записках литератор, между прочим, писал:

«Каждая минута, каждое брошенное невзначай слово и взгляд, каждая глубокая или шутливая мысль, каждое незаметное движение человеческого сердца, так же как и летучий пух тополя или огонь звезды в ночной луже, – все это крупинки золотой пыли.

Мы, литераторы, извлекаем их десятилетиями, эти миллионы песчинок, собираем незаметно для самих себя, превращаем в сплав и потом выковываем из этого сплава свою «золотую розу» – повесть, роман или поэму.

Золотая роза Шамета! Она отчасти представляется мне прообразом нашей творческой деятельности. Удивительно, что никто не дал себе труда проследить, как из этих драгоценных пылинок рождается живой поток литературы.

Но, подобно тому как золотая роза старого мусорщика предназначалась для счастья Сюзанны, так и наше творчество предназначается для того, чтобы красота земли, призыв к борьбе за счастье, радость и свободу, широта человеческого сердца и сила разума преобладали над тьмой и сверкали, как незаходящее солнце».

Надпись на валуне

Для писателя полная радость наступает только тогда, когда он убеждается, что совесть его находится в соответствии с совестью ближних.

Салтыков-Щедрин

Я живу в маленьком доме на дюнах. Все Рижское взморье в снегу. Он все время слетает с высоких сосен длинными прядями и рассыпается в пыль.

Слетает он от ветра и оттого, что по соснам прыгают белки. Когда очень тихо, то слышно, как они шелушат сосновые шишки.

Дом стоит у самого моря. Чтобы увидеть море, нужно выйти за калитку и немного пройти по протоптанной в снегу тропинке мимо заколоченной дачи.

На окнах этой дачи еще с лета остались занавески. Они шевелятся от слабого ветра. Должно быть, ветер проникает сквозь незаметные щели в пустую дачу, но издали кажется, что кто-то подымает занавеску и осторожно следит за тобой.

Море не замерзло. Снег лежит до самой кромки воды. На нем видны следы зайцев.

Когда на море подымается волна, то слышен не шум прибоя, а хрустенье льда и шорох оседающего снега.

Балтика зимой пустынна и угрюма.

Латыши называют ее «Янтарным морем» («Дзинтара юра»). Может быть, не только потому, что Балтика выбрасывает много янтаря, но еще и потому, что ее вода чуть заметно отливает янтарной желтизной.

По горизонту весь день лежит слоями тяжелая мгла. В ней пропадают очертания низких берегов. Только кое-где в этой мгле опускаются над морем белые косматые полосы – там идет снег.

Иногда дикие гуси, прилетевшие в этом году слишком рано, садятся на воду и кричат. Тревожный их крик далеко разносится по берегу, но не вызывает отклика – в прибрежных лесах зимой почти нет птиц.

Днем в доме, где я живу, идет привычная жизнь. Трещат дрова в разноцветных кафельных печах, заглушенно стучит пишущая машинка, молчаливая уборщица Лиля сидит в уютном холле и вяжет кружево. Все обыкновенно и очень просто.

Но вечером кромешная темнота окружает дом, сосны придвигаются к нему вплотную, и когда выходишь из ярко освещенного холла наружу, тебя охватывает ощущение полного одиночества с глазу на глаз с зимой, морем и ночью.

Море уходит на сотни миль в черно-свинцовые дали. На нем не видно ни одного огонька. И не слышно ни одного всплеска.

Маленький дом стоит, как последний маяк, на краю туманной бездны. Здесь обрывается земля. И поэтому кажется удивительным, что в доме спокойно горит свет, поет радио, мягкие ковры заглушают шаги, а на столах лежат раскрытые книги и рукописи.

Там, к западу, в сторону Вентспилса, за слоем мглы есть маленький рыбачий поселок. Обыкновенный рыбачий поселок с сетями, сохнущими на ветру, с низкими домами и низким дымом из труб, с черными моторками, вытащенными на песок, и доверчивыми собаками с косматой шерстью.

В поселке этом сотни лет живут латышские рыбаки. Поколения сменяют друг друга. Светловолосые девушки с застенчивыми глазами и певучим говором становятся обветренными, кряжистыми старухами, закутанными в тяжелые платки. Румяные юноши в щегольских кепках превращаются в щетинистых стариков с невозмутимыми глазами.

Но так же, как и сотни лет назад, рыбаки уходят в море за салакой. И так же, как и сотни лет назад, не все возвращаются обратно. Особенно осенью, когда Балтика свирепеет от штормов и кипит холодной пеной, как чертов котел.

Но что бы ни случилось, сколько бы раз ни пришлось стаскивать шапки, когда люди узнают о гибели своих же товарищей, все равно надо и дальше делать свое дело – опасное и тяжелое, завещанное дедами и отцами. Уступать морю нельзя.

В море около поселка лежит большой гранитный валун. На нем еще давно рыбаки высекли надпись: «В память всех, кто погиб и погибнет в море». Эту надпись видно издалека.

Когда я узнал об этой надписи, она мне показалась печальной, как все эпитафии. Но латышский писатель, рассказавший мне о ней, не согласился с этим и сказал:

– Наоборот. Это очень мужественная надпись. Она говорит, что люди никогда не сдадутся и, несмотря ни на что, будут делать свое дело. Я бы поставил эту надпись эпиграфом к

11

любой книге о человеческом труде и упорстве. Для меня эта надпись звучит примерно так: «В память тех, кто одолевал и будет одолевать это море».

Я согласился с ним и подумал, что этот эпиграф подходил бы и для книги о писательском труде.

Писатели не могут ни на минуту сдаться перед невзгодами и отступить перед преградами. Что бы ни случилось, они должны непрерывно делать свое дело, завещанное им предшественниками и доверенное современниками. Недаром Салтыков-Щедрин говорил, что если хоть на минуту замолкнет литература, то это будет равносильно смерти народа.

Писательство – не ремесло и не занятие. Писательство – призвание. Вникая в некоторые слова, в самое их звучание, мы находим их первоначальный смысл. Слово «призвание» родилось от слова «зов».

Человека никогда не призывают к ремесленничеству. Призывают его только к выполнению долга и трудной задачи.

Что же понуждает писателя к его подчас мучительному, но прекрасному труду?

Прежде всего – зов собственного сердца. Голос совести и вера в будущее не позволяют подлинному писателю прожить на земле, как пустоцвет, и не передать людям с полной щедростью всего огромного разнообразия мыслей и чувств, наполняющих его самого.

Тот не писатель, кто не прибавил к зрению человека хотя бы немного зоркости.

Писателем человек становится не только по зову сердца. Голос сердца чаще всего мы слышим в юности, когда ничто еще не приглушило и не растрепало по клочкам свежий мир наших чувств.

Но приходят годы возмужалости – и мы явственно слышим, кроме призывного голоса собственного сердца, новый мощный зов – зов своего времени и своего народа, зов человечества.

По велению призвания, во имя своего внутреннего побуждения человек может совершать чудеса и выносить тягчайшие испытания.

Одним из примеров, подтверждающих это, была судьба голландского писателя Эдуарда Деккера. Он печатался под псевдонимом «Мультатули». По-латыни это означает «Многострадальный».

Возможно, что я вспомнил о Деккере именно здесь, на берегу сумрачной Балтики, потому, что такое же бледное северное море расстилается у берегов его родины –

Нидерландов. О ней он сказал с горечью и стыдом: «Я – сын Нидерландов, сын страны разбойников, лежащей между Фрисландией и Шельдой».

Но Голландия, конечно, не страна цивилизованных разбойников. Их меньшинство, и не они выражают лицо народа. Это страна трудолюбивых людей, потомков мятежных «гёзов» и Тиля Уленшпигеля. До сих пор «пепел Клааса стучит» в сердца многих голландцев. Стучал он и в сердце Мультатули.

Выходец из семьи моряков, Мультатули был назначен правительственным чиновником на остров Яву, а недолгое время спустя – даже резидентом одного из округов этого острова. Его ждали почести, награды, богатство, возможный пост вице-короля, но... «пепел Клааса стучал в его сердце», и Мультатули пренебрег этими благами.

С редким мужеством и упорством он попытался взорвать изнутри вековую практику порабощения яванцев голландскими властями и негоциантами.

Он всегда выступал в защиту яванцев и не давал их в обиду. Он жестоко карал взяточников. Он насмехался над вице-королем и его приближенными, – конечно, добрыми христианами, – ссылаясь в объяснение своих поступков на учение Христа о любви к ближнему. Ему ничего нельзя было возразить. Но его можно было уничтожить.

Когда вспыхнуло восстание яванцев, Мультатули стал на сторону восставших, потому что «пепел Клааса продолжал стучать в его сердце». Он с трогательной любовью писал о яванцах, об этих доверчивых детях, и с гневом – о своих соотечественниках.

Он разоблачил военную гнусность, придуманную голландскими генералами.

Яванцы очень чистоплотны и не выносят грязи. На этом их свойстве и был построен расчет голландцев.

Солдатам приказали забрасывать яванцев во время атак человеческим калом. И яванцы, встречавшие, не дрогнув, ожесточенный ружейный огонь, не выдерживали этого вида войны и отступали.

Мультатули был смещен и отправлен в Европу.

Несколько лет он добивался от голландского парламента справедливости для яванцев. Он всюду говорил об этом. Он писал петиции министрам и королю.

Но тщетно. Его выслушивали неохотно и торопливо. Вскоре его объявили опасным чудаком, даже сумасшедшим. Он нигде не мог найти работы. Семья его голодала.

Тогда, повинуясь голосу сердца, иными словами, повинуясь жившему в нем, но до тех пор еще не ясному призванию, Мультатули начал писать. Он написал разоблачительный роман о голландцах на Яве: «Макс Хавелаар, или торговцы кофе». Но это была только первая проба. В этой книге он как бы нащупывал еще зыбкую для него почву литературного мастерства.

Но зато следующая его книга «Письма любви» была написана с потрясающей силой. Эту силу Мультатули давала исступленная вера в свою правоту.

Отдельные главы книги написаны то как горький крик человека, схватившегося за голову при виде чудовищной несправедливости, то как едкие и остроумные притчи-памфлеты, то как нежные утешения любимым людям, окрашенные печальным юмором, то как последние попытки воскресить веру своего наивного детства.

«Бога нет, или он должен быть добр», – писал Мультатули. – «Когда же, наконец, перестанут обкрадывать нищих!»

Он уехал из Голландии, надеясь заработать на кусок хлеба на стороне. Жена осталась с детьми в Амстердаме – у него не было лишней копейки, чтобы взять их с собой.

Он нищенствовал по городам Европы и писал, писал непрерывно, этот неудобный для благоприличного общества, насмешливый и замученный человек. Он почти не получал писем от жены, потому что у нее не хватало денег даже на марки.

Он думал о ней и о детях, особенно о маленьком мальчике с синими глазами. Он боялся, что этот маленький мальчик разучится доверчиво улыбаться людям, и умолял взрослых не вызывать у него преждевременных слез.

Книги Мультатули никто не хотел издавать.

Но вот наконец свершилось! Крупное голландское издательство согласилось купить его рукописи, но с условием, что он нигде больше не будет их издавать.

Измученный Мультатули согласился. Он вернулся на родину. Ему даже дали немного денег. Но рукописи купили просто для того, чтобы обезоружить этого человека. Рукописи были изданы в таком количестве экземпляров и по такой недоступной цене, что это было равносильно их уничтожению. Голландские купцы и власти не могли чувствовать себя спокойно, пока эта пороховая бочка была не у них в руках.

Мультатули умер, так и не дождавшись справедливости. А он мог бы написать еще много превосходных книг – тех книг, о

14

каких принято говорить, что они написаны не чернилами, а кровью сердца.

Он боролся, как мог, и погиб. Но он «одолел море» И, может быть, вскоре на независимой Яве, в Джакарте, будет поставлен памятник этому бескорыстному страдальцу.

Такова была жизнь человека, слившего воедино два великих призвания.

По неистовой преданности своему делу у Мультатули был собрат, тоже голландец и его современник – художник Винсент Ван-Гог.

Трудно найти пример большего отречения от себя во имя искусства, чем жизнь Ван-Гога. Он мечтал создать во Франции «братство художников» – своего рода коммуну, где ничто не отрывало бы их от служения живописи.

Ван-Гог много перестрадал. Он опустился на самое дно человеческого отчаяния в своих «Едоках картофеля» и «Прогулке заключенных». Он считал, что дело художника – противостоять страданию всеми силами, всем талантом.

Дело художника рождать радость. И он создавал ее теми средствами, какими владел сильнее всего, – красками.

На своих холстах он преобразил землю. Он как бы промыл ее чудотворной водой, и она осветилась красками такой яркости и густоты, что каждое старое дерево превратилось в произведение скульптуры, а каждое клеверное поле – в солнечный свет, воплощенный во множестве скромных цветочных венчиков.

Он остановил своей волей непрерывную смену красок, для того чтобы мы могли проникнуться их красотой.

Разве можно утверждать после этого, что Ван-Гог был равнодушен к человеку? Он подарил ему лучшее, чем обладал, – свою способность жить на земле, сияющей всеми возможными цветами и всеми их тончайшими переливами.

Он был нищ, горд и непрактичен. Он делился последним куском с бездомными и хорошо знал на собственной шкуре, что значит социальная несправедливость. Он пренебрегал дешевым успехом.

Конечно, он не был борцом. Героизм его заключался в фанатической вере в прекрасное будущее людей труда – пахарей и рабочих, поэтов и ученых. Он не мог быть борцом, но он хотел внести и внес свою долю в сокровищницу будущего – свои картины, воспевающие землю.

Из всех видов этой красоты Ван-Гог выбрал только один цвет. Его всегда поражало свойство природы к безошибочному соотношению красок, неисчислимое множество их переходов, та раскраска земли, которая все время меняется, но одинаково хороша во все времена года и под всеми широтами.

Пора восстановить справедливость по отношению к Ван-Гогу, к таким художникам, как Врубель, Борисов-Мусатов, Гоген, и многим другим.

Нам нужно все, что обогащает внутренний мир человека социалистического общества, все, что возвышает его эмоциональную жизнь. Неужели нужно доказывать эту прописную истину?!

По существу, мы должны быть владетелями искусства всех времен и всех стран. Мы должны изгнать из своей страны ханжей, озлобленных против красоты за то, что она существует независимо от их воли.

Прошу извинить меня за эти отступления из области литературы в живопись. Я считаю, что все виды искусства помогают писателю в усовершенствовании мастерства. Но об этом будет особый разговор.

Нельзя терять чувство призвания. Его не заменить ни трезвым расчетом, ни литературным опытом.

В правильном понимании писательского призвания совершенно нет тех качеств, какие ему стараются приписать дешевые скептики, – ни ложного пафоса, ни напыщенного сознания писателем своей исключительной роли.

Пришвин был человеком безусловного писательского призвания. Он подчинил ему жизнь. Но он же и сказал замечательные слова, что «величайшее счастье писателя – не считать себя особенным, одиноким, а быть таким, как все люди».

Цветы из стружек

Часто я спрашиваю себя, когда думаю о занятии литературой: когда же это началось? И как это вообще начинается? Что впервые заставляет человека взять в руки перо, чтобы не выпускать его до конца жизни?

Труднее всего вспоминать, когда это началось. Очевидно, писательство возникает в человеке, как душевное состояние, гораздо раньше, чем он начинает исписывать стопы бумаги. Возникает еще в юности, а может быть, и в детстве.

В детстве и юности мир существует для нас в ином качестве, чем в зрелые годы. В детстве горячее солнце, гуще трава, обильнее дожди, темнее небо и смертельно интересен каждый человек.

Для детей каждый взрослый кажется существом немного таинственным – будь это плотник с набором фуганков, пахнущих стружкой, или ученый, знающий, почему трава окрашена в зеленый цвет.

Поэтическое восприятие жизни, всего окружающего нас – величайший дар, доставшийся нам от детства.

Если человек не растеряет этот дар на протяжении долгих трезвых лет, то он поэт или писатель. В конце концов, разница между ними невелика.

Ощущение жизни как непрерывной новизны – вот та плодородная почва, на которой расцветает и созревает искусство.

Когда я был гимназистом, я, конечно, писал стихи, такое множество стихов, что за месяц исписывал толстую общую тетрадь.

Стихи были плохие – пышные, нарядные и, как мне тогда казалось, довольно красивые.

Сейчас я забыл эти стихи. Помню только отдельные строфы. Например, такие:

> О, срывайте цветы на поникших стеблях!
> Тихо падает дождь на полях.
> И в края, где горит дымно-алый осенний закат,
> Пожелтелые листья летят...

Но это еще милость. Чем дальше, тем больше я нагромождал в стихах всяческие, даже бессмысленные, красивости:

И опалами блещет печаль о любимом Саади
На страницах медлительных дней.

Почему печаль «блещет опалами» – этого ни тогда, ни сейчас я объяснить не могу. Просто меня увлекало самое звучание слов. Я не думал о смысле.

Больше всего я писал стихов о море. В ту пору я его почти не знал.

Это не было определенное море – не Черное, не Балтийское и Средиземное, а праздничное «море вообще». Оно соединяло все разнообразие красок, все преувеличения, всю безудержную романтику, лишенную подлинных людей, времени и реального географического пространства. Тогда эта романтика окружала в моих глазах земной шар, подобно плотной атмосфере.

Это было пенистое, веселое море – родина крылатых кораблей и отважных мореплавателей. Изумрудами горели на его берегах маяки. В портах ключом бурлила беззаботная жизнь. Смуглые женщины неслыханной прелести были ввергнуты по моей авторской воле в кипение жестоких страстей.

Правда, с годами мои стихи делались менее нарядными. Из них постепенно начала выветриваться экзотика.

Но, честно говоря, детские и юношеские годы никогда не обходятся без экзотики, будь это экзотика тропических стран или гражданской войны.

Экзотика придает жизни ту долю необыкновенности, которая необходима каждому юному и впечатлительному существу.

Дидро был прав, когда говорил, что искусство заключается в том, чтобы найти необыкновенное в обыкновенном и обыкновенное в необыкновенном.

Во всяком случае я не проклинаю детское свое увлечение экзотикой.

Кто в детстве не осаждал старинные замки, не погибал на корабле с изодранными в клочья парусами у берегов Магелланова пролива или Новой Земли, не мчался в тачанке вместе с Чапаевым по зауральским степям, не искал сокровища, так ловко запрятанные Стивенсоном на таинственном острове, не слышал шума знамен в Бородинском бою или не помогал Маугли в непролазных дебрях Индостана?

Я часто живу в деревне и присматриваюсь к играм колхозных детей. В них всегда присутствует экзотика океанских плаваний на плотах (по мелкому озеру с неблагозвучным названием «Телячье»), полетов на звезды или открытия таинственных стран. Соседскими детьми была, например, открыта в лугах неведомая страна. Они назвали ее «Лукоморьем». Это было озеро со множеством заливов, до того заросшее кугой, что только на самой его середине блестело оконце воды.

Экзотика, конечно, не исчезла из моего сознания сразу. Она долго держалась, как держится стойкий запах сирени в садах. Она преображала в моих глазах знакомый, даже надоевший Киев.

Золото закатов пылало в его садах. За Днепром мигали во мраке молнии. Мне казалось, что там раскинулась неведомая – грозовая и влажная – страна, наполненная бегущим шумом листьев.

Весна сыпала на город желтоватые цветы каштанов с красными крапинками на лепестках. Их было так много, что во время дождей плотины из опавших цветов задерживали сток дождевой воды и некоторые улицы превращались в мелкие озера.

А после дождей небо над Киевом светилось, как купол из лунного камня. И с неожиданной силой приходили на память стихи:

Царит весны таинственная сила
О звездами на челе
Ты – нежная. Ты счастье мне сулила
На суетной земле...

С этим временем у меня была связана первая влюбленность – то удивительное состояние, когда почти все девушки казались прекрасными. Любая черта девичества, мелькнувшая на мгновение на улице, в саду, в трамвае, – застенчивый, но внимательный взгляд, запах волос, блеск зубов за полуоткрытыми губами, обнаженное ветром маленькое колено, прикосновение холодных пальцев – все это напоминало, что рано или поздно, но и меня постигнет в жизни любовь. Я был уверен в этом. Так мне хотелось думать, и так я думал.

Каждая такая встреча была для меня началом непонятной тоски.

В стихах и неясном волнении прошла большая часть моей бедной и по существу довольно горькой молодости.

Вскоре я бросил писать стихи. Я понял, что это мишура, цветы из хорошо раскрашенных стружек, сусальная позолота.

Вместо стихов я написал свой первый рассказ. У него была своя история. О ней я расскажу в следующей главе.

Первый рассказ

Я возвращался на пароходе по Припяти из местечка Чернобыль в Киев. Лето я прожил под Чернобылем, в запущенном имении отставного генерала Левковича. Мой классный наставник устроил меня в семью Левковича в качестве домашнего учителя. Я должен был подготовить генеральского сынка-балбеса к двум осенним переэкзаменовкам.

Старый помещичий дом стоял в низине. По вечерам курился вокруг холодный туман. Лягушки надрывались в окрестных болотах, и до головной боли пахло багульником.

Шалые сыновья Левковича били диких уток из ружей прямо с террасы во время вечернего чая.

Сам Левкович – тучный, сивоусый, злой, с вытаращенными черными глазами – весь день сидел на террасе в мягком кресле и задыхался от астмы. Изредка он хрипло кричал:

– Не семья, а шайка бездельников! Кабак! Всех выгоню к чертовой тетке! Лишу наследства!

Но никто не обращал внимания на его сиплые крики. Имением и домом заправляла его жена – «мадам Левкович» – еще не старая, игривая, но очень скупая женщина. Все лето она проходила в скрипучем корсете.

Кроме шелопаев сыновей, у Левковича была дочь – девушка лет двадцати. Звали ее «Жанна д'Арк». С утра до ночи она носилась верхом на бешеном караковом жеребце, сидя на нем по-мужски, и разыгрывала из себя демоническую женщину.

Она любила повторять, чаще всего совершенно бессмысленно, слово «презираю».

Когда меня знакомили с ней, она протянула мне с коня руку и, глядя в глаза, сказала:

– Презираю!

Я не чаял, как вырваться из этой оголтелой семьи, и почувствовал огромное облегчение, когда наконец сел в телегу, на сено, покрытое рядном, и кучер Игнатий Лойола (в семье Левковичей всем давали исторические прозвища), а попросту Игнат, дернул за веревочные вожжи, и мы шагом поплелись в Чернобыль.

Тишина, стоявшая в низкорослом полесье, встретила нас, как только мы выехали за ворота усадьбы.

В Чернобыль мы притащились только к закату и заночевали на постоялом дворе. Пароход запаздывал.

Постоялый двор держал пожилой еврей по фамилии Кушер.

Он уложил меня спать в маленьком зальце с портретами предков – седобородых старцев в шелковых ермолках и старух в париках и черных кружевных шалях. У всех старух были слезящиеся глаза.

От кухонной лампочки воняло керосином. Как только я лег на высокую, душную перину, на меня изо всех щелей тучами двинулись клопы.

Я вскочил, поспешно оделся и вышел на крыльцо. Дом стоял у прибрежного песка. Тускло поблескивала Припять. На берегу штабелями лежали доски.

Я сел на скамейку на крыльце и поднял воротник гимназической шинели. Ночь была холодная. Меня знобило.

На ступеньках сидело двое незнакомых людей. В темноте я их не мог разглядеть. Один курил махорку, другой сидел сгорбившись и будто спал. Со двора слышался мощный храп Игнатия Лойолы, – он лег в телеге, на сене, и я теперь завидовал ему.

– Клопы? – спросил меня высоким голосом человек, куривший махорку.

Я узнал его по голосу. Это был низенький хмурый еврей в калошах на босу ногу. Когда мы с Игнатием Лойолой приехали, он отворил нам ворота во двор и потребовал за это десять копеек. Я дал ему гривенник. Кушер заметил это и закричал из окна:

– Марш с моего двора, голота! Тысячу раз тебе повторять!

Но человек в калошах даже не оглянулся на Кушера. Он подмигнул мне и сказал:

– Вы слышали? Каждый гривенник жжет ему руки. Таки он подохнет от жадности, попомните мое слово!

Когда я спросил Кушера, что это за человек, он неохотно ответил:

– А, Иоська! Помешанный. Ну, я понимаю – если тебе не с чего жить, то по крайности уважай людей. А не смотри на них, как царь Давид со своего трона.

– За тех клопов, – сказал мне Иоська, затягиваясь, и я увидел щетину у него на щеках, – вы еще заплатите Кушеру добавочные гроши. Раз человек пробивается до богатства, он ничем не побрезгует.

– Иося! – неожиданно сказал глухим и злым голосом

сгорбленный человек. – За что ты загубил Христю? Второй год нету у меня сна...

– Это ж надо, Никифор, не иметь ни капли разума, чтобы говорить такие поганые слова! – сердито воскликнул Иося. – Я ее загубил?! Пойдите до вашего святого отца Михаила и спросите, кто ее загубил. Или до исправника Сухаренки.

– Доня моя! – сказал с отчаянием Никифор. – Закатилось мое солнце по-за болотами на веки вечные.

– Хватит! – прикрикнул на него Иося.

– Панихиду по ней отслужить – и то не позволяют! – не слушая Иосю, сказал Никифор. – Дойду в Киеве до самого митрополита. Не отстану, пока не помилует.

– Хватит! – повторил Иося. – За один ее волос я бы продал всю свою паршивую жизнь. А вы говорите!

Он вдруг заплакал, сдерживаясь и всхлипывая. Оттого, что он сдерживался, из горла у него вырывался слабый писк.

– Плачь, дурной, – спокойно, даже одобрительно сказал Никифор. – Кабы не то, что Христя тебя любила, мишуреса несчастного, я бы разом кончил с тобой. Взял бы грех на душу.

– Кончайте! – крикнул Иося. – Пожалуйста! Может, я того и хочу. Мне же лучше гнить в могиле.

– Дурной ты был и остался дурной, – печально ответил Никифор. – Вот ворочусь из Киева, тогда и кончу тебя, чтобы ты не травил мне сердце. Забедовал я совсем.

– А на кого вы хату покинули? – спросил Иося, перестав плакать.

– Ни на кого. Заколотил – и годи! Нужна мне теперь та хата, как мертвому понюшка!

Я слушал этот непонятный разговор. Над Припятью стеной подымался туман. Сырые доски пахли лекарственно и резко. По местечку нехотя брехал» собаки.

– Хоть бы знать, когда припрется та чертова макитра, тот пароход! – с досадой сказал Никифор. – Выпили бы мы, Иосиф, косушку. Оно бы на душе и полегчало. Да где ее теперь взять, косушку?

Я согрелся в шинели и задремал, прислонившись к стене.

Утром пароход не пришел. Кушер сказал, что он заночевал где-нибудь из-за тумана и беспокоиться нечего – все равно пароход простоит в Чернобыле несколько часов.

Я напился чаю. Игнатий Лойола уехал.

От скуки я пошел побродить по местечку. На главной улице были открыты лавчонки. Из них несло селедкой и стиральным мылом. В дверях парикмахерской с висевшей на одном костыле вывеской стоял в халате веснушчатый парикмахер и грыз семечки.

От нечего делать я зашел побриться. Парикмахер, вздыхая, намылил мне щеки холодной пеной и начал обычный в провинциальных парикмахерских деликатный допрос – кто я и зачем попал в это местечко.

Вдруг по дощатому тротуару мимо окна промчались, свистя и гримасничая, мальчишки, и знакомый голос Иоськи прокричал:

Не разбужу я песней удалою
Роскошный сон красавицы моей.

– Лазарь! – крикнул из-за дощатой перегородки женский голос. – Закрой на засов двери! Опять Иоська пьяный. Что ж это делается, боже мой!

Парикмахер закрыл дверь на засов и задернул занавеску.

– Как увидит кого в парикмахерской, – объяснил он со вздохом, – так сейчас же зайдет и будет петь, танцевать и плакать.

– А что с ним? – спросил я.

Но парикмахер не успел ответить. Из-за перегородки вышла молодая растрепанная женщина с удивленными, блестящими от волнения глазами.

– Слушайте, клиент! – сказала она. – Во-первых, здравствуйте! А во-вторых, Лазарь ничего не сообразит рассказать, потому что мужчины не в состоянии понять женское сердце. Что?! Не качай головой, Лазарь! Так слушайте и хорошо подумайте про то, что я вам скажу. Чтоб вы знали, на какой ад идет девушка от любви к молодым людям.

– Маня, – сказал парикмахер, – не увлекайся.

Иоська кричал где-то уже в отдалении:

Как умру, так приходите
На мою могилку.
Колбасы мне принесите
Да ханжи бутылку!

– Какой ужас! – сказала Маня. – И это Иоська! Тот Иоська, что должен был учиться на фельдшера в Киеве, сын Песи – самой доброй женщины в Чернобыле. Слава богу, она не дожила до такого позора, Вы понимаете, клиент, как надо женщине полюбить мужчину, чтобы пойти из-за него на пытку!

— Что ты такое говоришь, Маня! — воскликнул парикмахер. — Клиент же ничего от тебя не поймет.

— Была у нас ярмарка, — сказала Маня. — На ту ярмарку приехал вдовый лесник Никифор из-под Карпиловки со своей единственной дочерью Христей. Ох, если бы вы ее видели! Вы бы потеряли рассудок! Я вам скажу, — глаза были синие, как то небо, а косы светлые, будто она их мыла в золотой воде. А ласковая! А тонкая, как я не знаю что! Ну, Иоська увидел ее и потерял дар речи. Полюбил. Так в этом, я вам скажу, ничего удивительного я не нахожу. Сам царь, если бы ее встретил, тоже начал бы сохнуть. Удивительно то, что она его полюбила. Вы же его видели? Маленький, как тот мальчик, весь рыжий, голос пискливый, ничего не делает без причуд. Одним словом, кинула Христя отца и пришла до Иоськи в дом. Вы пойдите посмотрите этот дом! Полюбуйтесь! Козе в нем тесно жить, не то что им втроем. Одно только, что чисто. И что же вы скажете — Песя ее приняла, как королевскую принцессу. И Христя жила с Иоськой, как жена, и он был такой веселый, Иоська, — светился, как фонарь. А вы знаете, что это значит, когда еврей живет с православной? Их же нельзя повенчать. Все местечко закудахтало, как сто квочек. Тогда Иоська решил выкреститься и пошел в церковь до отца Михаила. А тот ему говорит: «Раньше следовало бы выкреститься, а потом портить христианскую девушку. Ты сделал навыворот, и теперь без разрешения митрополита я тебя, иерусалимский дворянин, не окрещу». Иоська обозвал его нехорошим словом и ушел. Тогда вмешался наш раввин, наш ребе. Он узнал, что Иоська ходил креститься, и проклял его за это в синагоге до десятого колена. А тут еще приехал Никифор, валялся в ногах у Христи, просил, чтобы вернулась домой. Так она только плакала и ни за что не вернулась. Ну, конечно, мальчишек кто-то подговорил. Они как увидят Христю, так и кричат: «Эй, Христя, кошерная! Хочешь кусочек трефного мяса?» И показывают ей дули. На улице все оглядываются, смотрят ей вслед, смеются. А другой раз кто-нибудь возьмет да и кинет ей в спину из-за забора кусок навоза. Весь дом тети Песи измазали дегтем, вы представляете?

— Ой, тетя Песя! — вздохнул парикмахер. — Это была женщина!

— Постой, дай рассказать! — прикрикнула на него Маня. — Раввин позвал до себя тетю Песю и сказал: «Вы развели блуд в своем доме, уважаемая Песя Израилевна. Вы преступили закон. За это я прокляну ваш дом, и Иегова покарает вас, как продажную женщину. Поимейте жалость к своей седой голове». Так вы знаете, что она ему ответила! «Вы не раввин, —

25

сказала она. – Вы городовой! Люди любят друг друга, так какое ваше дело лезть до них со своими жирными от смальца лапами!» Плюнула и ушла. Тогда раввин и ее проклял в синагоге. Вот как у нас умеют мордовать людей. Только вы никому этого не передавайте. Все местечко только и жило, что этим делом. Наконец Иоську и Христю потребовал до себя исправник Сухаренко и сказал: «Тебя, Иоська, за кощунственное оскорбление иерея греко-российской церкви отца Михаила я отдаю под суд. И ты попробуешь у меня каторги. А Христю я силой верну отцу. Даю три дня на размышление. Вы мне взбаламутили весь уезд. Я за вас получу нагоняй от господина губернатора».

Тут же Сухаренко посадил Иоську в холодную, – говорил потом, что хотел только попугать. И что же случается, как вы думаете? Вы мне не поверите, но Христя умерла от горя. На нее было жалко смотреть. Прямо сердце останавливалось у добрых людей. Она плакала несколько дней, а потом у нее уже и слез не хватило, я глаза высохли, и она ничего не ела. Только просила, чтобы допустили ее до Иоськи. А в самый Йом-Кипур, в судный день, она как уснула вечером, так и не проснулась. И лежала такая белая и счастливая – должно быть, благодарила бога, что он взял ее от этой паскудной жизни. Зачем ей такая кара, что она полюбила того Иоську? Скажите же мне – зачем?! Нету разве других людей на свете? Иоську Сухаренко тут же выпустил, но он сделался совсем психический и с того дня начал пить и выпрашивать у людей на хлеб.

– Я б на его месте предпочел умереть, – сказал парикмахер. – Пустил бы себе пулю в лоб.

– Ой, какие вы храбрецы! – воскликнула Маня. – А как дойдет до дела, так будете обходить смерть за сто верст. Вы же не имеете понятия, как любовь может спалить до пепла женское сердце.

– Что женское, что мужское сердце, – ответил парикмахер и пожал плечами, – какая разница!

Из парикмахерской я пошел на постоялый двор. Ни Иоськи, ни Никифора там не было. Кушер сидел в потертом жилете у окна и пил чай. В комнате жужжали жирные мухи.

Маленький пароход пришел только к вечеру. Он простоял в Чернобыле до ночи. Мне дали место в салоне на облезлом клеенчатом диване.

Ночью опять нанесло туман. Пароход приткнулся носом к берегу. Так он простоял до позднего утра, пока туман не рассеялся. Никифора я на пароходе не нашел. Должно быть, он запил вместе с Иоськой.

26

Я так подробно рассказал об этом случае потому, что, вернувшись в Киев, тотчас сжег тетради с первыми ранними своими стихами. Без всякой жалости я смотрел, как превращались в пепел изысканные фразы и гибли без возврата «пенные хрустали», «сапфирные небеса», таверны и пляски гитан.

Отрезвление пришло сразу. Любовь, оказывается, сопровождалась не «томлением умирающих лилий», а комьями навоза. Его бросали в спину прекрасной любящей женщине.

Думая об этом, я вспомнил слова: «Ужасный век, ужасные сердца», – и решил написать свой первый, как я говорил себе, «настоящий рассказ» о судьбе Христи.

Я долго мучился над ним и не понимал, почему он выходит у меня вялым и бледным, несмотря на трагическое содержание. Потом я догадался. Во-первых, потому, что рассказ был написан с чужих слов, и, во-вторых, потому, что я увлекся любовью Христи и оставил в стороне изуверский быт местечка.

Я заново переписал рассказ. Меня самого удивляло, что в него никак «не ложились» изысканные и красивые слова. Он требовал правды и простоты.

Когда я принес этот свой первый рассказ в редакцию журнала, где раньше печатали мои стихи, редактор сказал:

– Зря тратили порох, молодой человек. Рассказ напечатать нельзя. За одного исправника нам пропишут кузькину мать. Но вообще рассказ сделан крепко. Принесите нам что-нибудь другое. И подписывайтесь, пожалуйста, только псевдонимом. Вы же гимназист. Вас за это выгонят из гимназии.

Я забрал рассказ и спрятал его. Только на следующую весну я достал его, прочел и понял еще одно обстоятельство: в рассказе не чувствовалось автора – ни его гнева, ни мыслей, ни преклонения перед любовью Христи.

Тогда я снова переделал рассказ и отнес его редактору – не для печатания, а для оценки.

Редактор прочел его при мне, встал, похлопал меня по плечу и сказал только одно слово:

– Благословляю!

Так впервые я убедился в том, что главное для писателя – это с наибольшей полнотой и щедростью выразить себя в любой вещи, даже в таком маленьком рассказе, и тем самым выразить свое время и свой народ. В этом выражении себя ничто не должно сдерживать писателя – ни ложный стыд перед читателями, ни страх повторить то, что уже было сказано (но

27

по-иному) другими писателями, ни оглядка на критиков и редактора.

Во время работы надо забыть обо всем и писать как бы для себя или для самого дорогого человека на свете.

Нужно дать свободу своему внутреннему миру, открыть для него все шлюзы и вдруг с изумлением увидеть, что в твоем сознании заключено гораздо больше мыслей, чувств и поэтической силы, чем ты предполагал.

Творческий процесс в самом своем течении приобретает новые качества, усложняется и богатеет.

Это похоже на весну в природе. Солнечная теплота неизменна. Но она растапливает снег, нагревает воздух, почву и деревья. Земля наполняется шумом, плеском, игрой капель и талых вод – тысячами признаков весны, тогда как, повторяю, солнечная теплота остается неизменной.

Так и в творчестве. Сознание остается неизменным в своей сущности, но вызывает во время работы вихри, потоки, каскады новых мыслей и образов, ощущений и слов. Поэтому иногда человек сам удивляется тому, что написал.

Писателем может быть только тот, у кого есть что сказать людям нового, значительного и интересного, тот человек, который видит многое, чего остальные не замечают.

Что касается меня, то очень скоро я понял, что могу сказать до обидного мало. И что порыв к творчеству может так же легко угаснуть, как он и возник, если оставить его без пищи. Слишком небогат и узок был запас моих житейских наблюдений.

В то время книга стояла у меня над жизнью, а не жизнь над книгой. Нужно было наполнить себя жизнью до самых краев.

Поняв это, я совершенно бросил писать – на десять лет – и, как говорил Горький, «ушел в люди», начал скитаться по России, менять профессии и общаться с самыми разными людьми.

Но это не была искусственно созданная жизнь. Я не был профессиональным наблюдателем или сборщиком фактов.

Нет! Я просто жил, не стараясь хоть что-нибудь записывать или запоминать для будущих книг.

Я жил, работал, любил, страдал, надеялся, мечтал, зная только одно, – что рано или поздно, в зрелом возрасте или, может быть, даже в старости, но я начну писать, вовсе не оттого, что я поставил себе такую задачу, а потому, что этого требовало мое существо. И потому, что литература была для меня самым великолепным явлением в мире.

Молния

Как рождается замысел?

Почти не бывает двух замыслов, которые бы возникали и развивались одинаково. Очевидно, ответ на вопрос, «как рождается замысел», надо искать не вообще, а в связи с каждым отдельным рассказом, романом или повестью.

Легче ответить на вопрос, что нужно для того, чтобы замысел появился, или, говоря более сухим языком, чем должно быть обусловлено рождение замысла. Появление его всегда бывает подготовлено внутренним состоянием писателя.

Возникновение замысла, пожалуй, лучше всего объяснить путем сравнения. Сравнение вносит иногда удивительную ясность в самые сложные вещи.

Астронома Джинса спросили однажды, каков возраст нашей Земли.

– Представьте себе, – ответил Джине, – исполинскую гору, хотя бы Эльбрус на Кавказе. И вообразите единственного маленького воробья, который беспечно скачет и клюет эту гору. Так вот, этому воробью, чтобы склевать до основания Эльбрус, понадобится примерно столько же времени, сколько существует Земля.

Сравнение, которое дало бы понять возникновение замысла, гораздо проще.

Замысел – это молния. Много дней накапливается над землей электричество. Когда атмосфера насыщена им до предела, белые кучевые облака превращаются в грозные грозовые тучи и в них из густого электрического настоя рождается первая искра – молния.

Почти тотчас же вслед за молнией на землю обрушивается ливень.

Замысел, так же как молния, возникает в сознании человека, насыщенном мыслями, чувствами и заметками памяти. Накапливается все это исподволь, медленно, пока не доходит до той степени напряжения, которое требует неизбежного разряда. Тогда весь этот сжатый и еще несколько хаотический мир рождает молнию – замысел.

Для появления замысла, как и для появления молнии, нужен чаще всего ничтожный толчок.

Кто знает, будет ли это случайная встреча, запавшее на душу слово, сон, отдаленный голос, свет солнца в капле воды или гудок парохода.

Толчком может быть все, что существует в мире вокруг нас и в нас самих.

Лев Толстой увидел сломанный репейник – и вспыхнула молния: появился замысел изумительной повести о Хаджи-Мурате.

Но если бы Толстой не был на Кавказе, не знал и не слышал о Хаджи-Мурате, то, конечно, репейник не вызвал бы у него этой мысли. Толстой был внутренне подготовлен к этой теме, и только потому репейник дал ему нужную ассоциацию.

Если молния – замысел, то ливень – это воплощение замысла. Это стройные потоки образов и слов. Это книга.

Но, в отличие от слепящей молнии, первоначальный замысел зачастую бывает неясным.

«И даль свободного романа я сквозь магический кристалл еще неясно различал».

Лишь постепенно он зреет, завладевает умом и сердцем писателя, обдумывается и усложняется. Но это так называемое «вынашивание» замысла происходит совсем не так, как это представляют себе наивные люди. Оно не выражается в том, что писатель сидит, стиснув голову руками, или бродит, одинокий и дикий, выбормотывая свои думы.

Совсем нет! Кристаллизация замысла, его обогащение идут непрерывно, каждый час, каждый день, всегда и повсюду, во всех случайностях, трудах, радостях и горестях нашей «быстротекущей жизни».

Чтобы дать созреть замыслу, писатель никогда не должен отрываться от жизни и целиком уходить «в себя». Наоборот, от постоянного соприкосновения с действительностью замысел расцветает и наливается соками земли.

Вообще о писательской работе существует много предвзятых мнений и предрассудков. Некоторые из них могут привести в отчаяние своей пошлостью.

Больше всего опошлено вдохновение.

Почти всегда оно представляется невеждам в виде выпученных в непонятном восхищении, устремленных в небо глаз поэта или закушенного зубами гусиного пера.

Многие, очевидно, помнят кинокартину «Поэт и царь». Там Пушкин сидит, мечтательно подняв глаза к небу, потом судорожно хватается за перо, начинает писать, останавливается, вновь возводит глаза, грызет гусиное перо и опять торопливо пишет.

Сколько мы видели изображений Пушкина, где он похож на восторженного маньяка!

На одной художественной выставке я слышал любопытный

разговор около скульптуры кургузого и как бы завитого перманентом Пушкина с «вдохновенным» взором. Маленькая девочка долго смотрела, сморщившись, на этого Пушкина и спросила мать:

– Мама, он мечту мечтает? Или что?

– Да, доченька, дядя Пушкин мечтает мечту, – разнеженно ответила мать.

Дядя Пушкин «грезит грезу»! Тот Пушкин, что сказал о себе: «И долго буду тем любезен я народу, что чувства добрые я лирой пробуждал, что в наш жестокий век восславил я свободу и милость к падшим призывал»!

А если «святое» вдохновение «осеняет» (обязательно «святое» и обязательно «осеняет») композитора, то он, вздымая очи, плавно дирижирует для самого себя теми чарующими звуками, какие несомненно звучат сейчас в его душе, – совершенно так, как на слащавом памятнике Чайковскому в Москве.

Нет! Вдохновение – это строгое рабочее состояние человека. Душевный подъем не выражается в театральной позе и приподнятости. Так же, как и пресловутые «муки творчества».

Пушкин сказал о вдохновении точно и просто: «Вдохновение есть расположение души к живому приятию впечатлений, следственно, к быстрому соображению понятий, что и способствует объяснению оных». «Критики, – сказал он вдобавок, – смешивают вдохновение с восторгом». Так же, как читатели смешивают иногда правду с правдоподобием.

Это было бы еще полбеды. Но когда иные художники и скульпторы смешивают вдохновение с «телячьим восторгом», то это выглядит как полное невежество и неуважение к тяжелому писательскому труду.

Чайковский утверждал, что вдохновение – это состояние, когда человек работает во всю свою силу, как вол, а вовсе не кокетливо помахивает рукой.

Прошу извинить меня за это отступление, но все, о чем я говорил выше, – совсем не пустяк. Это признак того, что жив еще пошляк и обыватель.

Каждый человек хотя бы и несколько раз за свою жизнь, но пережил состояние вдохновения – душевного подъема, свежести, живого восприятия действительности, полноты мысли и сознания своей творческой силы.

Да, вдохновение – это строгое рабочее состояние, но у него есть своя поэтическая окраска, свой, я бы сказал, поэтический подтекст.

Вдохновение входит в нас, как сияющее летнее утро, только что сбросившее туманы тихой ночи, забрызганное росой, с зарослями влажной листвы. Оно осторожно дышит нам в лицо своей целебной прохладой.

Вдохновение – как первая любовь, когда сердце громко стучит в предчувствии удивительных встреч, невообразимо прекрасных глаз, улыбок и недомолвок.

Тогда наш внутренний мир настроен тонко и верно, как некий волшебный инструмент, и отзывается на все, даже самые скрытые, самые незаметные звуки жизни.

О вдохновении написано много превосходных строк у писателей и поэтов. «Но лишь божественный глагол до слуха чуткого коснется» (Пушкин), «Тогда смиряется души моей тревога» (Лермонтов), «Приближается звук, и, покорна щемящему звуку, молодеет душа» (Блок). Очень точно сказал о вдохновении Фет:

> Одним толчком согнать ладью живую
> С наглаженных отливами песков,
> Одной волной подняться в жизнь иную,
> Учуять ветр с цветущих берегов.
> Тоскливый сон прервать единым звуком,
> Упиться вдруг неведомым, родным,
> Дать жизни вздох, дать сладость тайным мукам,
> Чужое вмиг почувствовать своим...

Тургенев называл вдохновение «приближением бога», озарением человека мыслью и чувством. Он со страхом говорил о неслыханном мучении для писателя, когда он начинает претворять это озарение в слова.

Толстой сказал о вдохновении, пожалуй, проще всех: «Вдохновение состоит в том, что вдруг открывается то, что можно сделать. Чем ярче вдохновение, тем больше должно быть кропотливой работы для его исполнения».

Но как бы мы ни определяли вдохновение, мы знаем, что оно плодотворно и не должно исчезнуть бесплодно, не одарив собою людей.

Бунт героев

В старое время, когда люди переезжали с квартиры на квартиру, для переноски вещей нанимали иногда арестантов из местной тюрьмы.

Мы, дети, всегда ждали появления этих арестантов со жгучим любопытством и жалостью.

Арестантов приводили усатые надзиратели с огромными револьверами «бульдогами» на поясах Мы во все глаза смотрели на людей в серой арестантской одежде и серых круглых шапочках. Но почему-то с особенным уважением разглядывали мы тех арестантов, у которых были подвязаны ремешком к поясу звенящие тонкие кандалы.

Все это было очень таинственно. Но самым удивительным казалось то обстоятельство, что почти все арестанты оказывались обыкновенными изможденными людьми и до того добродушными, что никак нельзя было поверить, что они злодеи и преступники. Наоборот, они были не то что вежливы, а просто деликатны и больше всего боялись кого-нибудь ушибить при переноске громоздкой мебели или что-нибудь поломать.

У нас, детей, по соглашению со взрослыми, был выработан хитрый план. Мама уводила надзирателей на кухню пить чай, а мы в это время торопливо засовывали в карманы арестантам хлеб, колбасу, сахар, табак, а иногда и деньги. Их нам давали родители.

Мы воображали, что это рискованное дело, и были в восторге, когда арестанты благодарили нас шепотом, подмигивая в сторону кухни, и перепрятывали наши гостинцы подальше, во внутренние тайные карманы.

Иногда арестанты незаметно давали нам письма. Мы наклеивали на них марки и потом шли всей гурьбой бросать в почтовый ящик. Перед тем как бросить письмо в ящик, мы оглядывались– нет ли поблизости пристава или городового? Как будто они могли догадаться, какое письмо мы отправляем.

Среди арестантов я помню человека с седой бородой. Его называли старостой.

Он распоряжался переноской вещей. Вещи, особенно шкафы и пианино, застревали в дверях, их трудно было развернуть, а иногда они никак не становились на предназначенное для них новое место, сколько арестанты с ними ни бились. Вещи явно сопротивлялись. В таких случаях староста говорил по поводу какого-нибудь шкафа:

– Ставьте его там, где ему хочется. Что вы его мордуете! Я пять лет перевожу вещи и ихний характер знаю. Раз вещь стоять здесь не желает, так сколько на нее ни жми – не уступит. Поломается, а не уступит.

Я вспомнил об этой сентенции старого арестанта в связи с писательскими планами и поступками литературных героев. В поведении вещей и этих героев есть что-то общее. Герои часто вступают в борьбу с автором и почти всегда побеждают его. Но разговор об этом еще впереди.

Конечно, почти все писатели составляют планы своих будущих вещей. Некоторые разрабатывают их подробно и точно. Другие – очень приблизительно. Но есть писатели, у которых план состоит всего из нескольких слов, как будто не имеющих между собой никакой связи.

И только писатели, обладающие даром импровизации, могут писать без предварительного плана. Из русских писателей таким даром обладал в высокой степени Пушкин, а из современных нам прозаиков – Алексей Николаевич Толстой.

Я допускаю мысль, что писатель гениальный тоже может писать без всякого плана. Гений настолько внутренне богат, что любая тема, любая мысль, случай или предмет вызывают у него неиссякаемый поток ассоциаций.

Молодой Чехов сказал Короленко:

– Вот у вас стоит на столе пепельница. Хотите, я напишу сейчас же о ней рассказ.

И он бы написал его, конечно.

Можно представить себе, что человек, подобрав на улице измятый рубль, начнет с этого рубля свой роман, начнет как бы шутя, легко и просто. Но вскоре этот роман пойдет и вглубь и вширь, заполнится людьми, событиями, светом, красками и начнет литься свободно и мощно, подгоняемый воображением, требуя от писателя все новых жертв, требуя, чтобы писатель отдавал ему драгоценные запасы образов и слов.

И вот уже в повествовании, начавшемся со случайности, возникают мысли, возникает сложная судьба людей. И писатель уже не в силах справиться со своим волнением. Он, как Диккенс, плачет над страницами своей рукописи, стонет от боли, как Флобер, или хохочет, как Гоголь.

Так в горах от ничтожного звука, от выстрела из охотничьего ружья начинает сыпаться по крутому склону блестящей полоской снег. Вскоре он превращается в широкую снежную реку, несущуюся вниз, и через несколько минут в долину срывается лавина, сотрясая грохотом ущелье и наполняя воздух искристой пылью.

Об этой легкости возникновения творческого состояния у людей гениальных и к тому же обладающих даром импровизации упоминают многие писатели.

Недаром Баратынский, хорошо знавший, как работал Пушкин, сказал о нем:

... Пушкин молодой, сей ветреник блестящий,
Все под пером своим шутя животворящий...

Я упомянул о том, что некоторые планы кажутся набором слов.

Вот небольшой пример. У меня есть рассказ «Снег». Перед тем как написать его, я исписал лист бумаги, и из этих записей и родился рассказ. Как же выглядят эти записи?

«Забытая книга о севере. Основной цвет севера – фольга. Пар над рекой. Женщины полощут белье в прорубях. Дым. Надпись на колокольчике у Александры Ивановны: «Я вишу у дверей, – звони веселей!» «И колокольчик, дар Валдая, звенит уныло под дугой». Их зовут «дарвалдаями». Война. Таня. Где она, в каком глухом городке? Одна. Тусклая луна за облаками, – страшная даль. Жизнь сжата в небольшой круг света. От лампы. Всю ночь что-то гудит в стенах. Ветки царапают о стекла. Мы очень редко выходим из дома в самую глухую пору зимней ночи. Это надо проверить... Одиночество и ожидание. Старый недовольный кот. Ему ничем нельзя угодить. Все как будто видно – даже витые свечи (оливковые) на ролле, но пока что ничего больше нет. Искала квартиру с роялем (певица). Эвакуация. Рассказ об ожидании. Чужой дом. Старомодный, по-своему уютный, фикусы, запах старого табака Стамболи или Месаксуди. Жил старик и помер. Ореховый письменный стол с желтыми пятнами на зеленом сукне. Девочка. Золушка. Нянька. Больше пока никого нет. Любовь, говорят, притягивает на расстоянии. Можно написать рассказ только об ожидании. Чего? Кого? Она сама не знает этого. Это разрывает сердце. На пересечении сотен дорог случайно сталкиваются люди, не зная, что вся их прошлая жизнь была подготовкой к этой встрече. Теория вероятности. Применительно к человеческим сердцам. Для дураков все просто. Страна тонет в снегах. Неизбежность появления человека. От кого-то все приходят на имя умершего письма. Их складывают стопкой на столе. В этом – ключ. Какие письма? Что в них? Моряк. Сын. Страх перед тем, что он

35

приедет. Ожидание. Нет предела доброте ее сердца. Письма превратились в действительность. Снова витые свечи. В ином качестве. Ноты. Полотенце с дубовыми листьями. Рояль. Березовый дым. Настройщик, – все чехи хорошие музыканты. Закутанный до глаз. Все ясно!»

Вот то, что можно с большой натяжкой назвать планом этого рассказа. Если прочесть эту запись, не зная рассказа, то станет понятно, что это хотя и медленное и неясное, но упорное нащупывание темы и сюжета.

Что же происходит с самыми точными, продуманными и выверенными писательскими планами? Правду сказать, жизнь у них большей частью короткая.

Как только в начатой вещи появляются люди и как только эти люди по воле автора оживают, они тотчас же начинают сопротивляться плану и вступают с ним в борьбу. Вещь начинает развиваться по своей внутренней логике, толчок для которой дал, конечно, писатель. Герои действуют так, как это соответствует их характеру, несмотря на то, что творцом этих характеров является писатель.

Если же писатель заставит героев действовать не по возникшей внутренней логике, если он силой вернет их в рамки плана, то герои начнут мертветь, превращаясь в ходячие схемы, в роботов.

Эту мысль очень просто высказал Лев Толстой.

Кто-то из посетителей Ясной Поляны обвинил Толстого в том, что он жестоко поступил с Анной Карениной, заставив ее броситься под поезд.

Толстой улыбнулся и ответил:

– Это мнение напоминает мне случай с Пушкиным. Однажды он сказал какому-то из своих приятелей: «Представь, какую штуку удрала со мной Татьяна. Она замуж вышла. Этого я никак не ожидал от нее». То же самое и я могу сказать про Анну Каренину. Вообще герои и героини мои делают иногда такие штуки, каких я не желал бы! Они делают то, что должны делать в действительной жизни и как бывает в действительной жизни, а не то, что мне хочется.

Все писатели хорошо знают эту неподатливость героев. «Я в самом разгаре работы, – говорил Алексей Николаевич Толстой, – не знаю, что скажет герой через пять минут. Я слежу за ним с удивлением».

Случается, что второстепенный герой вытесняет остальных, сам становится главным, поворачивает весь ход повествования и ведет его за собой.

Вещь по-настоящему, со всей силой, начинает жить в

сознании писателя только во время работы над ней. Поэтому в ломке и крушении планов нет ничего особенного и ничего трагического.

Наоборот, это естественно и свидетельствует только о том, что подлинная жизнь прорвалась, заполнила писательскую схему и раздвинула, и сломала своим живым напором рамки первоначального писательского плана.

Это ни в коей мере не опорочивает план, не сводит роль писателя лишь к тому, чтобы записывать все по подсказке жизни. Ведь жизнь образов в его произведении обусловлена сознанием писателя, его памятью, воображением, всем его внутренним строем.

ИСТОРИЯ ОДНОЙ ПОВЕСТИ

«Планета Марц»

Попытаюсь вспомнить, как возник замысел моей повести «Кара-Бугаз». Как все это произошло?

Во времена моего детства в Киеве, на Владимирской горке над Днепром, каждый вечер появлялся старик в пыльной шляпе со свисающими полями. Он приносил облезлый телескоп и долго устанавливал его на трех погнутых железных ногах.

Старика этого звали «Звездочетом» и считали итальянцем, потому что он нарочно коверкал русские слова на иностранный лад.

Установив телескоп, старик говорил заученным, монотонным голосом:

– Любезные синьоры и синьорины! Буона джиорно! За пять копеек вы уноситесь с Земли на Луна и разные звезды. Особенно рекомендую смотреть зловещую планету Марц, имеющую тон человеческой крови. Кто родился под знаком Марца, может враз погибнуть на войне от фузильерской пули.

Однажды я был с отцом на Владимирской горке и смотрел в телескоп на планету Марс.

Я увидел черную бездну и красноватый шар, бесстрашно висевший без всякой опоры среди этой бездны. Пока я смотрел на него, шар начал подбираться к краю телескопа и спрятался за его медный ободок. «Звездочет» слегка повернул телескоп и вернул Марс на прежнее место. Но тот опять начал сдвигаться к медному ободку.

– Ну как? – спросил отец. – Ты видишь что-нибудь?

– Да, – ответил я. – Я даже вижу каналы.

Я знал, что на Марсе живут люди – марсияне – и что они выкопали неизвестно для чего на своей планете громадные каналы.

– Ну, положим! – сказал отец. – Не выдумывай! Никаких каналов ты не видишь. Их заметил только один астроном – итальянец Скиапарелли – и то в большой телескоп,

Имя соотечественника Скиапарелли не произвело на «Звездочета» никакого впечатления.

– И еще я вижу какую-то планету налево от Марса, – сказал

я неуверенно. – Но она почему-то бегает по небу во все стороны.

– Да яка ж це планета! – добродушно воскликнул «Звездочет». – То якась гадючка заскочила тебе в глаз.

Он крепко взял меня за подбородок и ловко вытащил у меня из глаза соринку.

От зрелища Марса мне стало холодно и жутко. Я с облегчением оторвался от телескопа, и киевские улицы с их неяркими огнями, грохотом извозчичьих пролеток и пыльным запахом отцветающих каштанов показались мне уютными и надежными.

Нет, в то время у меня не было никакой охоты унестись с Земли на Луну или Марс!

– Почему он красный, как кирпич? – спросил я отца.

Отец рассказал мне, что Марс – умирающая планета, что она была такой же прекрасной, как наша земля, – с морями, горными кряжами и буйной зеленью, но постепенно моря и реки высохли, зелень умерла, горы выветрились до основания, и Марс превратился в исполинскую песчаную пустыню. Должно быть, горы на Марсе были из красного камня, поэтому и песок на Марсе красноватый.

– Значит, Марс – шар из песка? – спросил я.

– Да, пожалуй, – согласился отец. – То, что случилось с Марсом, может случиться и с нашей Землей. Она превратится в пустыню. Но это будет через многие миллионы лет. Так что ты не пугайся. Да в конце концов люди что-нибудь придумают к тому времени и прекратят это безобразие.

Я ответил, что совершенно не пугаюсь. Но на самом деле мне было и страшно и обидно за нашу Землю. К тому же дома я узнал от старшего брата, что уже сейчас пустыни занимают чуть ли не половину всей площади на земле.

С тех пор боязнь пустыни (хотя я ее еще и не видел) приобрела у меня навязчивый характер. И хотя я и читал в журнале «Вокруг света» заманчивые рассказы о Сахаре, самумах и «кораблях пустыни» – верблюдах, но они меня не прельщали.

Вскоре мне пришлось испытать первое знакомство с пустыней. Это еще усилило мой страх перед ней.

На лето мы всей семьей поехали в деревню к деду Максиму Григорьевичу.

Лето было дождливое, теплое. Густо росли травы. Крапива около плетней вытянулась в человеческий рост. Жито колосилось на полях. От огородов тянуло сочным укропом. Все предвещало богатый урожай.

39

Но однажды, когда я сидел с дедом на берегу реки и удил пескарей, дед вдруг поспешно встал, прикрыл ладонью глаза от солнца, долго всматривался в поля за рекой, потом с досадой плюнул и сказал:

– Катится, кат, чертяка! Чтоб ему сгинуть на веки!

Я посмотрел в ту сторону, куда глядел дед, но ничего не увидел, кроме длинного мутного вала. Он быстро приближался. Я думал, что это подходит гроза, но дед сказал:

– Та то ж суховей! Пекло проклятое! Ветер из Бухары, с пустыни. Все попалит! От какое несчастье набли жается, Костик. Не буде чем даже дыхаты.

Зловещий вал несся по земле прямо на нас. Дед торопливо сматывал свою длинную удочку из орешины и говорил мне:

– Тикай до хаты, а то забьет глаза пылью. А я поплетусь следом. Тикай!

Я побежал к хате, но суховей настиг меня на пути. Вихри неслись, шурша песком и подымая к небу птичий пух и щепки. Тяжелая муть заволокла все вокруг. Солнце вдруг сделалось косматым и багровым, как Марс. Закачались и засвистели ракиты. Сзади дохнуло таким жаром, будто у меня на спине затлела рубашка. Пыль трещала на зубах и порошила глаза.

На пороге хаты стояла моя тетушка Феодосия Максимовна и держала в руках икону, завернутую в шитый рушник.

– Господи, спаси и помилуй! – испуганно бормотала она. – Пречистая богородица, пронеси краем!

На хату налетел, кружась, смерч. Зазвенели плохо замазанные стекла. Солома на стрехе задралась. Из-под нее, как черные пули, залпом вылетели воробьи.

Отца с нами в то время не было – он остался в Киеве. Мама была заметно встревожена.

Я помню, что тяжелее всего был нарастающий жар. Я думал, что через час-два загорится солома на крыше, а потом и у нас затлеют волосы и платье. Поэтому я заплакал.

К вечеру листья на густых ракитах завяли и висели, как серые тряпки. У всех плетней ветер намел сугробы мелкой, как мука, черноватой пыли.

К утру листва пожухла и высохла. Сорванные листья можно было растереть пальцами в порошок. Ветер усилился. Он начал срывать эту мертвую, грязную листву, и многие деревья стояли уже обнаженные и черные, как поздней осенью.

Дед ходил на поля и вернулся растерянный и жалкий. Он никак не мог развязать красную завязку у ворота своей посконной рубахи, руки у него тряслись, и он говорил:

40

– Когда за ночь не утихомирится, то чисто попалит все жито. И садочки, и огороды.

Но ветер не утихомирился. Он дул две недели, потом немного стих и задул с новой силой. Земля на глазах превращалась в серое пепелище.

По хатам голосили женщины. Мужики понуро сидели на завалинках, прячась от ветра, ковыряли палками-дрючками землю и изредка говорили:

– Каменюка, а не земля! Прямо смерть ухопила тебя за свитку, и некуда кинуться человеку.

Из Киева приехал отец и забрал нас в город. Когда я начал расспрашивать его про суховей, он неохотно ответил:

– Пропал урожай. Пустыня идет на Украину.

– А можно что-нибудь сделать? – спросил я.

– Ничего. Не выстроишь же высокую каменную стену в две тысячи верст длиной.

– Почему? – спросил я. – Построили же китайцы свою Великую стену.

– Так то китайцы, – ответил отец. – Они были великие мастера.

Эти детские впечатления с годами как будто забылись. Но, конечно, они продолжали жить в глубине моей памяти и изредка прорывались наружу. Чаще всего во время засух, всегда вызывавших непонятное беспокойство.

К зрелым своим годам я полюбил Среднюю Россию. Возможно, что толчком к этой любви была свежесть ее природы, обилие чистых и прохладных вод, сырые лесные чащи, моросящие, пасмурные дожди.

Поэтому, когда засуха докатывалась до Средней России и врезалась в нее палящим клином, мое беспокойство сменялось бессильной яростью против пустыни.

Девонский известняк

Прошло много времени, и пустыня опять напомнила о себе.

В 1931 году я поехал на лето в город Ливны, Орловской области. Я писал тогда мой первый роман, и меня тянуло в какой-нибудь маленький городок, где нет ни души знакомых, где можно сосредоточиться и никто и ничто не помешает работать.

В Ливнах я никогда не был. Городок понравился мне чистотой, множеством цветущих подсолнухов, своими мостовыми из цельных каменных плит и рекой Быстрая Сосна, вырывшей ущелье в толще желтого девонского известняка.

Я снял комнату на окраине, в деревянном ветхом доме. Он стоял на обрыве над рекой. Позади дома тянулся и переходил в береговые заросли наполовину высохший сад.

У пожилого и робкого хозяина – продавца газет в станционном киоске – была мрачная, тощая жена и две дочери: старшая – Анфиса и младшая – Полина.

Полина – слабенькая, прозрачная, – когда разговаривала со мной, то все время расплетала и заплетала от смущения русую косу. Ей было семнадцать лет.

Анфиса была статная девушка лет девятнадцати, с бледным лицом, строгими серыми глазами и низким голосом. Она ходила в черном, как послушница, и почти ничего не делала по дому, – только часами лежала в саду на сухой траве и читала.

На чердаке у хозяина было свалено много изъеденных мышами книг, главным образом сочинений иностранных классиков в издании Сойкина. Я тоже брал с чердака эти книги.

Несколько раз я замечал сверху, из сада, Анфису на берегу Быстрой Сосны. Она сидела под крутым обрывом, около куста боярышника, рядом с хилым подростком, лет шестнадцати, светловолосым, тихим, с большими пристальными глазами.

Анфиса приносила ему тайком на берег чего-нибудь поесть. Мальчик ел, а Анфиса смотрела на него с нежностью и иногда гладила его по волосам.

Однажды я видел, как она вдруг закрыла лицо ладонями и затряслась от рыданий. Мальчик перестал есть и смотрел на нее с испугом. Я незаметно ушел и долго старался не думать об Анфисе и мальчике.

А я-то наивно рассчитывал, что в тихих Ливнах никто не вырвет меня из круга тех людей и событий, о которых я писал свой роман! Но жизнь тотчас же разбила вдребезги мои наивные надежды. Конечно, ни о какой сосредоточенности, ни о каком покое для работы не могло быть и речи, пока я не узнаю, что с Анфисой.

Еще до того, как я увидел ее с мальчиком, я подумал, глядя на ее измученные глаза, что в жизни у нее есть какая-то горькая тайна.

Так оно и случилось.

Через несколько дней я проснулся среди ночи от раскатов грома. Грозы в Ливнах бывали очень часто. Жители объясняли это тем, что Ливны стоят на залежах железной руды и будто бы эта руда и «присасывает» грозы.

Ночь металась за окнами, то распахиваясь стремительным белым огнем, то сжимаясь в непроглядную тьму. За стеной были слышны взволнованные голоса. Потом я услышал, как Анфиса гневно крикнула:

— Кто это придумал? В каком это законе написано, что мне нельзя его полюбить? Покажите мне этот закон! Дали мне жизнь, так не отымайте. Изверги! Он с каждым днем чахнет, как свечечка. Как свечечка! — крикнула она и задохлась.

— Мать, уймись! — неуверенно прикрикнул хозяин на жену. — Пусть живет дура по своему сердцу. С ней не сладишь. А денег я тебе, Анфиса, все одно не дам.

— Не нужны мне ваши проклятые деньги! — крикнула Анфиса. — Я сама заработаю, увезу его в Крым. Может, там он хоть лишний год проживет. Уйду я от вас все равно. Сраму вам не миновать. Так и знайте!

Я начал догадываться, что происходит. За дверью в коридорчике кто-то тоже плакал и сморкался.

Я открыл дверь и при воровском блеске молнии увидел Полину. Она стояла, прижавшись лбом к стене, закутанная в длинную шаль.

Я тихо окликнул ее. Гром расколол небо и, казалось, одним ударом вогнал домишко в землю по самую крышу. Полина испуганно схватила меня за руку.

— Господи! — прошептала она. — Что же это будет? А тут еще такая гроза!

Она рассказала мне шепотом, что Анфиса полюбила всем сердцем Колю, сына вдовы Карповны. Карповна ходит по домам, занимается стиркой. Женщина она тихая, бессловесная. А Коля больной, у него туберкулез. Анфиса нравная, горячая, с ней никто не справится. Она или сделает по-своему, или наложит на себя руки.

Голоса за стеной неожиданно замолкли. Полина убежала к себе. Я лег, но прислушивался и долго не мог заснуть. У хозяев все было тихо. Тогда я задремал. Сквозь дремоту я слышал ленивые раскаты грома и лай собак. Потом я уснул.

Проспал я, должно быть, очень недолго. Разбудил меня сильный стук в дверь. Стучал хозяин.

— Беда у нас, — сказал он за дверью мертвым голосом. — Не взыщите, что обеспокоил.

– А что случилось?

– Анфиса убежала. В чем была. Я пойду на Слободку, к Карповне. Наверное, она туда кинулась. А вы уж, пожалуйста, побудьте с моими. Жена лежит без памяти.

Я торопливо оделся, отнес старухе валерьянку. Полина окликнула меня, и я вышел с ней на крыльцо. Не могу объяснить, почему, но я знал, что сейчас случится несчастье.

– Пойдемте на берег, – тихо сказала Полина.

– Фонарь у вас есть?

– Есть.

– Несите скорей.

Полина принесла тусклый фонарь, и мы спустились по скользкому обрыву к реке.

Я был уверен, что Анфиса где-то здесь, рядом.

– Анфиса-а-а! – вдруг отчаянно закричала Полина, и этот крик почему-то напугал меня. «Напрасно она закричала! – подумал я. – Напрасно!»

Молнии полыхали за рекой, обессиленные и тихие. Гром едва докатывался. В кустах на обрыве шуршали капли.

Мы пошли вниз по течению реки. Фонарь едва светил. Потом прямо над головой небо загорелось от запоздалой молнии, и в ее свете я увидел, что впереди на берегу что-то белеет.

Я подошел к этому белому и нагнулся над ним. Я увидел платье Анфисы и маленькую ее сорочку. Тут же валялись ее мокрые туфли.

Полина закричала и бросилась назад, к дому. Я добежал до парома, разбудил перевозчика. Мы сели в дощаник и поплыли, все время пересекая реку от одного берега к другому и вглядываясь в воду.

– Нешто ночью найдешь, да еще при таком дожде! – говорил перевозчик и зевал, сон у него еще не прошел. – Пока не всплывет, все равно не сыщешь. Знать, и красивых смерть не щадит. Вот оно как, милый мой. Разделась, значит, чтобы легче было ей помирать. Ну и девица!

Нашли Анфису на следующее утро около плотины.

В гробу она лежала невыразимо прекрасная, со своими влажными, тяжелыми косами червонного золота и виноватой улыбкой на бледных губах.

Какая-то старушка сказала мне:

– Ты на нее не гляди, милый. Нельзя. Ведь это ж красота такая, что сердце невзначай разорвется.

Но я не мог не смотреть на Анфису. Впервые в жизни я оказался свидетелем той безмерной женской любви, которая сильнее смерти. До тех пор я читал о ней только в книгах и не очень верил в нее. Почему-то мне тогда подумалось, что такой любви больше всего отпущено на долю русских женщин.

На похоронах было много народу. Коля шел далеко позади – боялся родных Анфисы. Я хотел было подойти к нему, но он бросился от меня, свернул в переулок и исчез.

Все было перевернуто на сердце, и я не мог больше написать ни строчки. Пришлось переехать с окраины в город, вернее – не в город, а на станцию, в низкий, темноватый дом железнодорожного врача Марии Дмитриевны Шацкой.

Незадолго до смерти Анфисы я проходил через городской сад. Около летнего кино сидело на земле человек сорок мальчишек. Они, видимо, чего-то дожидались и трещали, как воробьи.

Из кино вышел седой человек, роздал мальчишкам билеты, и они, теснясь и переругиваясь, ринулись в зал.

Судя по моложавому лицу, седому человеку было не больше сорока лет. Он добродушно прищурился, посмотрел на меня, помахал мне рукой и ушел.

Я решил разузнать у мальчишек, что это за странный человек. Вошел в кино и просидел полтора часа на старой картине «Красные дьяволята», слушая свист, топанье, возгласы восторга и ужаса и сопенье мальчишек.

Когда сеанс окончился, я вышел вместе с мальчишками и спросил их, что это за седой человек и почему он купил им билеты в кино.

Тотчас вокруг меня собрался крикливый мальчишеский митинг, и все более или менее выяснилось.

Оказалось, что седой человек – брат железнодорожного врача Марии Дмитриевны Шацкой. Он больной, «тронутый мозгами». Получает от советского правительства большую пенсию. А за что – неизвестно. Раз в месяц, в тот день, когда ему приносят пенсию, он собирает всех станционных мальчишек и ведет их в кино.

Мальчишки точно узнавали, когда придет пенсия. В этот день они с раннего утра толклись около дома Шацкого, сидели в привокзальном палисаднике и делали вид, что очутились там совершенно случайно.

Вот все, что мне удалось узнать от мальчишек. Не считая, конечно, подробностей, не имевших отношения к делу. Например, что мальчишки из Ямской слободы тоже хотели примазаться к Шацкому, но станционные дали им сокрушительный отпор.

Моя хозяйка после смерти Анфисы так и не вставала с

постели, все жаловалась на сердце. Однажды к ней пришел врач – Мария Дмитриевна Шацкая, и я с ней познакомился. Это была высокая, весьма решительная женщина в пенсне. До пожилых лет она сохранила внешность курсистки.

От нее я узнал, что брат ее геолог, что он психически болен и действительно получает персональную пенсию за свои научные труды, широко известные и у нас и в Европе.

– Незачем вам здесь жить, – тоном врача, не привыкшего к возражениям, сказала мне Мария Дмитриевна. – Скоро осень, польют дожди, тут будет непролазная слякоть. Да и обстановка мрачноватая, куда тут работать! Переезжайте ко мне. У меня мать-старушка, брат да я, а квартира при станции в пять комнат. Брат деликатный человек и мешать вам не будет.

Я согласился и переехал к Марии Дмитриевне. Так я познакомился с геологом Василием Дмитриевичем Шацким – одним из будущих героев повести «Кара-Бугаз».

В доме было действительно тихо, даже как-то сонно. Мария Дмитриевна весь день пропадала в амбулатории и по больным, старушка мать сидела за пасьянсом, а геолог редко выходил из своей комнаты. С утра он прочитывал от доски до доски газеты, потом почти до ночи что-то быстро писал, исписывая за день толстую общую тетрадь.

Изредка с пустынной станции доносились гудки единственного маневрового паровоза.

Шацкий сначала дичился меня, потом привык и начал разговаривать. В этих разговорах выяснился характер его болезни. С утра, пока Шацкий не уставал, он был совершенно здоровым человеком и интересным собеседником. Он много знал. Но при малейшей усталости начинался бред. В основе этого бреда лежала маниакальная идея, но развивалась она с неумолимой логикой.

Мария Дмитриевна показала мне тетради Шацкого. Они были густо исписаны отдельными словами. Фраз не было. Выглядело это примерно так: «Гунны, Германия, Гогенцоллерны, гибель цивилизации», «Ливны, лукавство, лицемерие, ложь».

Это был набор слов на одну какую-нибудь букву. Но изредка в нем можно было уловить намеки на смысл.

Когда я работал, Шацкий никогда не мешал мне и даже по соседней комнате ходил на цыпочках.

История его болезни описана в «Кара-Бугазе». Во время геологической экспедиции в Среднюю Азию он попал в плен к басмачам. Его вместе с остальными пленными каждый день выводили на расстрел. По Шацкому везло. Когда расстреливали по счету каждого пятого, он оказывался третьим, когда каждого второго, он оказывался первым. Он уцелел, но сошел с ума. Сестра с трудом отыскала его в Красноводске, где он жил в разбитом товарном вагоне.

Каждый день к вечеру Шацкий ходил на ливенскую почту и сдавал заказное письмо в Совет Народных Комиссаров. По просьбе Марии Дмитриевны начальник почты эти письма в Москву не отправлял, а возвращал ей, и она их сжигала.

Меня интересовало, что пишет Шацкий в этих своих донесениях. Вскоре я это узнал.

Как-то вечером он вошел ко мне, когда я лежал и читал. Мои туфли стояли около койки, носками к середине комнаты.

– Никогда так не ставьте туфли, – сердито сказал Шацкий. – Это опасно.

– Почему?

– Сейчас узнаете.

Он вышел и через минуту принес мне лист бумаги.

– Прочтите! – сказал он. – Когда кончите, то постучите мне в стенку. Я приду и, если вы чего-нибудь не поняли, объясню.

Он ушел. Я начал читать:

«В Совет Народных Комиссаров. Неоднократно я предупреждал Совет Народных Комиссаров о приближении грозной опасности, сулящей гибель нашей стране.

Всем известно, что в геологических пластах заключена мощная материальная энергия (как, например, в каменном угле, нефти, сланце). Человек научился освобождать эту энергию и использовать ее.

Но мало кто знает, что в этих же пластах спрессована и психическая энергия тех эпох, когда эти пласты слагались.

Город Ливны стоит на самых мощных в Европе толщах девонского известняка. В девонский период на земле только что зарождалось сумеречное сознание, жестокое, лишенное малейших признаков человечности. Тусклый мозг панцирных рыб был тогда преобладающим.

Эта зачаточная психическая энергия сконцентрировалась в моллюсках-аммонитах. Окаменелыми аммонитами буквально насыщены пласты девонского известняка.

Каждый аммонит – маленький мозг того периода и заключает в себе огромную и злую психическую энергию.

За много веков люди, к счастью, не научились освобождать психическую энергию геологических напластований. Я говорю – «к счастью» потому, что эта энергия, если бы ее удалось вывести из состояния покоя, погубила бы всю цивилизацию.

Люди, отравленные ею, превратились бы в жестоких зверей, и ими руководили бы только низменные, слепые инстинкты. А это бы означало гибель культуры.

Но, как я уже неоднократно сообщал Совету Народных Комиссаров, фашисты нашли способ развязывать психическую энергию девона и оживлять аммониты.

Поскольку самые богатые толщи девона лежат под нашими Ливнами, то именно здесь фашисты и собираются выпустить эту энергию. Если это удастся, то невозможно будет предотвратить моральную, а затем и физическую гибель всего человеческого рода.

План освобождения психической энергии девона в районе Ливен разработан фашистами до мельчайших подробностей. Как все сложнейшие планы, он легко уязвим. Стоит не предусмотреть пустую мелочь – и план сорвется.

Поэтому, помимо необходимости немедленно окружить Ливны крупными воинскими соединениями, следует дать строжайшее распоряжение жителям города, чтобы они отказались от привычных поступков (поскольку план фашистов рассчитан именно на привычное течение жизни в Ливнах) и совершали бы поступки как раз обратные тем, каких могли бы ожидать фашисты. Поясню это примером. Все граждане Ливен, ложась спать, ставят свою обувь около постели носками к середине комнаты. Впредь следует ставить ее носками к стене. Именно эта частность, возможно, не предусмотрена планом, и от такого, в сущности, пустяка он будет сорван.

Должен добавить, что естественное (правда, ничтожное) просачивание психической заразы из пластов девона в Ливнах приводит к тому, что нравы этого города гораздо грубее, чем в других такого же размера и типа городах. Три города стоят на толщах девонского известняка: Кромы, Ливны и Елец. Недаром о них существовала старая поговорка: «Кромы – всем ворам хоромы, Ливны – ворами дивны, а Елец – всем ворам отец».

Эмиссаром фашистского правительства в Ливнах является местный аптекарь».

Теперь мне стало ясно, почему Шацкий повернул мои туфли носками к стене. Вместе с тем мне стало жутко. Я понял всю непрочность спокойствия в семье Шацких. Каждую минуту можно было ждать взрыва.

Вскоре я заметил, что эти взрывы случались не так уж редко, но мать Шацкого и Мария Дмитриевна умели скрывать их от посторонних.

На следующий вечер, когда все мы сидели за чайным

48

столом и мирно разговаривали о гомеопатии, Шацкий взял крынку с молоком и спокойно вылил молоко в самоварную трубу. Старушка мать вскрикнула. Мария Дмитриевна строго посмотрела на Шацкого и сказала:

– Ты чего чудишь?

Шацкий, виновато улыбаясь, начал объяснять, что именно такой дикий поступок с молоком и самоваром наверняка не предусмотрен фашистами в их плане и потому, конечно, разрушит этот план и спасет человечество.

– Иди к себе! – так же строго сказала Мария Дмитриевна, встала и с сердцем открыла настежь окна, чтобы выпустить из комнаты чад пригорелого молока.

Шацкий, опустив голову, покорно ушел в свою комнату.

Но в свои «ясные часы» Шацкий охотно и много говорил. Тогда-то я и узнал, что он больше всего работал в Средней Азии и был одним из первых исследователей Кара-Бугазского залива.

Он обошел его восточные берега. В то время это считалось предприятием почти смертельным. Он описал их, нанес на карту и открыл в сухих горах вблизи залива присутствие каменного угля.

Он показывал мне множество фотографий. От них бросало в дрожь. Только геолог мог сделать такие фотографии гор, причудливо изрытых сетью глубоких борозд и удивительно похожих на обнаженный человеческий мозг, или фотографии могучего сброса – зловещего плоскогорья Усть-Урт. Оно вздымалось над пустыней отвесной черной стеной.

От Шацкого я впервые узнал о Кара-Бугазе – устрашающем и загадочном заливе Каспийского моря, о неисчерпаемых запасах мирабилита в его воде, о возможности уничтожения пустыни.

Пустыню Шацкий ненавидел так, как можно ненавидеть только живое существо, – страстно и неумолимо. Он называл ее сухой язвой, струпом, раком, разъедающим землю, непонятной подлостью природы.

– Пустыня умеет только убивать, – говорил он. – Это смерть. Человечество должно понять это. Если оно, конечно, не спятило с ума.

Странно было слышать такие слова от сумасшедшего.

– Ее надо скрутить в бараний рог, не давать ей дохнуть, бить ее непрерывно, смертельно, беспощадно. Бить без устали, пока она не сдохнет. И на ее трупе вырастить влажный тропический рай.

Он разбудил во мне дремавшую ненависть к пустыне – отголосок моих детских лет.

– Если бы люди, – говорил Шацкий, – потратили на истребление пустыни только половину средств и сил, какие они тратят на взаимное убийство, то пустыни давно бы не было. Войне отдают все народные богатства и миллионы человеческих жизней. И науку и культуру. Даже поэзию сумели сделать сообщницей массовой резни.

– Вася! – громко сказала из своей комнаты Мария Дмитриевна. – Успокойся. Войны больше не будет. Никогда.

– Никогда – это ерунда! – неожиданно ответил ей Шацкий. – Не дальше как сегодня ночью оживут аммониты. И знаете, где? Около Адамовской мельницы. Пойдемте прогуляемся и проверим.

Начинался бред. Мария Дмитриевна увела его, дала ему «бехтеревки» и уложила в постель.

Мне же хотелось поскорей закончить роман, чтобы начать новую книгу об уничтожении пустыни. Так появился неясный замысел «Кара-Бугаза».

Из Ливен я уехал поздней осенью. Перед отъездом я пошел к прежним хозяевам попрощаться.

Старуха все еще лежала. Старика не было дома. Полина пошла проводить меня до города.

Были сумерки. Лед трещал в колеях. Сады почти осыпались, но кое-где еще висели на яблонях сухие розовые листья. В застывшем небе гасло последнее облако, освещенное холодным закатом.

Полина шла рядом со мной и доверчиво держала меня за руку. От этого она казалась мне маленькой девочкой, и нежность к ней – одинокой и застенчивой – заполнила мое сердце.

Из городского кино долетала заглушенная музыка. В домах зажигались огни. Самоварный дымок висел над садами. За голыми ветками деревьев уже блестели звезды.

Непонятное волнение сжало мне сердце, и я подумал, что ради этой прекрасной земли, даже ради одной такой девушки, как Полина, нужно звать людей к борьбе за радостное и осмысленное существование. Все, что угнетает и печалит человека, все, что вызывает хотя бы одну слезу, должно быть вырвано с корнем. И пустыни, и войны, и несправедливость, и ложь, и пренебрежение к человеческому сердцу.

Полина дошла со мной до первых городских домов. Там я попрощался с ней.

Она потупилась, начала расплетать свою русую косу и неожиданно сказала:

– Я буду много читать теперь, Константин Георгиевич.

Она подняла смущенные глаза, протянула мне руку и быстро пошла домой.

Я ехал в Москву в переполненном жестком вагоне.

Ночью я вышел покурить в тамбур, опустил окно и высунулся наружу.

Поезд несся по насыпи сквозь облетевшие леса. Их почти не было видно. Они больше угадывались по звуку – по тому торопливому эху, которое рождал в их чащах грохот колес. Воздух, будто остуженный на зернистом снегу, дул в лицо запахом подмерзшей листвы.

А над лесами мчалось, не отставая от поезда, дымясь от нестерпимо ярких звезд, осеннее полуночное небо. Коротко гремели мосты. Несмотря на быстрый ход поезда, можно было заметить под ними мгновенные отблески звезд в темной – не то болотной, не то речной – воде.

Поезд грохотал, гремел, в пару, в дыму. Пылали, догорая, свечи в дребезжащих фонарях. За окнами пролетали по траектории багровые искры. Паровоз ликующе кричал, опьяненный собственным стремительным ходом.

Я был уверен, что поезд мчит меня к счастью. Замысел новой книги уже роился у меня в голове. Я верил в то, что напишу ее.

Я пел, высунувшись из окна, какие-то бессвязные слова о ночи, о том, что нет на свете милее края, чем Россия. Ветер щекотал лицо, как распустившиеся душистые девичьи косы. Мне хотелось целовать эти косы, этот ветер, эту холодную родниковую землю. Но я не мог этого сделать и только бессвязно пел, как одержимый, и удивлялся красоте неба на востоке, где проступала очень слабая, очень нежная синева.

Я удивлялся прелести неба на востоке, его чистому, слабому сиянию, пока не сообразил, что это занимается новая заря.

Все, что я видел за окном, и весь тот хаос радости, что бился в груди, соединились непонятным для меня образом в решении – писать, писать и писать!

Но что писать? В тот миг для меня было безразлично, вокруг чего соберутся, к какой теме будут притянуты, как магнитом, мои мысли о прелести земли, мое страстное желание оградить ее от истощения, чахлости и смерти.

Через некоторое время эти мысли вылились в замысел

«Кара-Бугаза». А могли вылиться и в замысел какой-нибудь другой книги, но обязательно наполненной тем же главным содержанием, теми же чувствами, что владели мной в то время. Очевидно, замысел почти всегда исходит из сердца.

С тех пор началась новая полоса жизни – так называемое «вынашивание» замысла, вернее – наполнение его реальным материалом.

Изучение географических карт

В Москве я достал подробную карту Каспийского моря и долго странствовал (в своем воображении, конечно) по его безводным восточным берегам.

Еще в детстве у меня появилось пристрастие к географическим картам. Я мог сидеть над ними по нескольку часов, как над увлекательной книгой.

Я изучал течения неведомых рек, прихотливые морские побережья, проникал в глубину тайги, где маленькими кружочками были отмечены безыменные фактории, повторял, как стихи, звучные, названия – Югорский Шар и Гебриды, Гвадаррама и Инвернесс, Онега и Кордильеры.

Постепенно все эти места оживали в моем воображении с такой ясностью, что, кажется, я мог бы написать вымышленные путевые дневники по разным материкам и странам.

Даже мой романтически настроенный отец не одобрял этого чрезмерного увлечения географическими картами.

Он говорил, что оно сулит мне много разочарований.

– Если жизнь сложится удачно, – говорил отец, – и ты сможешь путешествовать, то наживешь себе одни огорчения. Ты увидишь совсем не то, что выдумал. Например, Мексика может оказаться пыльной и нищей страной, а небо над экватором – серым и скучным.

Я не верил отцу. Я не мог представить, чтобы экваториальное небо бывало хоть когда-нибудь серым. По-моему, оно было таким густым, что даже снега на Калиманджаро приобретали его индиговый цвет.

Но как бы то ни было, я ничего не мог поделать с этим увлечением. А потом, в зрелом возрасте, для меня с очевидностью выяснилось, что отец был не совсем прав.

Когда я впервые попал, например, в Крым (его я до того вдоль и поперек изучил по карте), то, конечно, он оказался совсем другим, чем я о нем думал.

Но мое предварительное представление о Крыме заставило меня увидеть его с гораздо большей зоркостью, чем если бы я приехал в Крым без всякого понятия о нем.

На каждом шагу я находил то, чего не было в моем воображении, и эти новые черты Крыма особенно резко запоминались.

Мне кажется, что это утверждение одинаково относится и к местностям и к людям.

У каждого есть представление, скажем, о Гоголе. Но если бы могло случиться так, что мы увидели его в жизни, то заметили бы много черт, не совпадающих с нашим представлением о нем. И именно эти черты свежо и сильно врезались бы в память.

А если бы этого предварительного представления не было, то может быть, мы многого и не заметили бы в Гоголе и он оставался для нас совершенно обыденным человеком.

Мы привыкли представлять себе Гоголя несколько унылым, мнительным и флегматичным. Поэтому мы сразу заметили бы те его качества, которые далеки от этого образа, – блеск глаз, живость, даже некоторую вертлявость, смешливость, изящество одежды и сильный украинский акцент.

Эти мысли мне трудно выразить с полной убедительностью, но я думаю, что это так.

Привычка странствовать по картам и видеть в своем воображении разные места помогает правильно увидеть их в действительности.

На этих местах всегда остается как бы легчайший след вашего воображения, дополнительный цвет, дополнительный блеск, некая дымка, не позволяющая вам смотреть на них скучными глазами.

Итак, в Москве я уже странствовал по угрюмым берегам Каспийского моря и одновременно с этим читал много книг, научных докладов и даже стихов о пустыне – почти все, что мог найти в Ленинской библиотеке.

Я читал Пржевальского и Анучина, Свена Гедина и Вамбери, Мак-Гахама и Грум-Гржимайло, дневники Шевченко на Мангышлаке, историю Хивы и Бухары, докладные записки лейтенанта Бутакова, труды путешественника Карелина, геологические изыскания и стихи арабских поэтов.

Великолепный мир человеческой пытливости и знаний открылся передо мной.

Пришла пора ехать на Каспий, в Кара-Бугаз, но у меня не было денег.

Я пошел в одно из издательств и предложил директору, седому и скучному человеку, заключить со мной договор на книгу о Кара-Бугазе. Директор вяло выслушал меня и сказал:

– Нужно потерять всякое представление о советской действительности или не иметь его вовсе, чтобы предлагать издательству такую книгу.

– Почему же?

– В этом вашем заливе добывают глауберову соль. Неужели вы всерьез хотите писать роман о слабительной соли? Или вы смеетесь надо мной? Вы что ж, рассчитываете, что дурачки издатели потратят хоть копейку на эту нелепую затею?

Деньги я с великим трудом достал в другом месте.

Я поехал в Саратов, а оттуда спустился по Волге до Астрахани. Там я и застрял. Скудные мои средства окончились, и мне пришлось, чтобы двинуться дальше, написать в Астрахани несколько очерков для журнала «Тридцать дней» и для астраханской газеты.

Для того чтобы написать эти очерки, я ездил в Астраханскую степь и на Эмбу. Эти поездки мне помогли написать книгу о Кара-Бугазе.

На Эмбу я плыл по Каспийскому морю, вдоль берегов, заросших широкой полосой тростника. Старый, колесный пароход назывался странно – «Гелиотроп». Как на всех старых пароходах, на нем было много красной меди. Поручни, компасы, бинокли, всякие приборы и даже высокие пороги кают – все это было медное. «Гелиотроп» напоминал начищенный кирпичом до ярого блеска бокастый дымящийся самовар, болтающийся на невысоких волнах мелкого моря.

Тюлени лежали в теплой воде вверх брюхом, как купальщики. Изредка они лениво шевелили пухлыми ластами.

На рыбачьих пловучих пристанях – рыбницах – свистели и хохотали вслед «Гелиотропу» белозубые девушки в синих матросских робах. Щеки у них были залеплены чешуей.

Белые облака и белые песчаные острова отражались в глянцевитой воде, и временами их было невозможно отличить друг от друга.

Городишко Гурьев курился кизячным дымком, а на Эмбу я ехал через безводную степь в только что пущенном моторном поезде.

В Доссоре на Эмбе сопели среди озер с ярко-розовой водой

нефтяные насосы, пахло рассолом. В окнах домов не было стекол. Их заменяли частые металлические сетки. На них сидело снаружи столько гнуса, что в комнатах было темно.

На Эмбе я ушел с головой в нефтяные дела, в разговоры о «соляных куполах», разведке в пустыне, о нефти тяжелой и легкой, о знаменитой нефтеносной лагуне Маракаибо в Венецуэле, куда ездили на практику эмбинские инженеры.

При мне одного из инженеров укусила фаланга. Он через день умер.

Средняя Азия дышала зноем. Звезды по ночам светили сквозь пыль. Старые казахи ходили по улицам в широких коротких шароварах из набивного ситца с пестрым рисунком – по розовой ткани были разбросаны огромные черные пионы и зеленые листья.

Но из каждой поездки я возвращался в Астрахань, в деревянный домик одного из сотрудников астраханской газеты. Он затащил меня к себе, и я у него прижился.

Домик стоял на берегу Варвациева канала, в маленьком саду, где горами цвела настурция.

Я писал свои очерки в беседке – такой крошечной, что там мог поместиться только один человек. Там же я и ночевал.

Жена журналиста, болезненная и приветливая молодая женщина, весь день тайком плакала на кухне, перебирая распашонки, – у нее два месяца назад умер только что родившийся мальчик.

Из Астрахани я уехал в Махач-Калу, Баку и Красноводск. Все дальнейшее описано у меня в «Кара-Бугазе».

Я возвратился в Москву, но через несколько дней мне опять пришлось уехать корреспондентом на Северный Урал – в Березники и Соликамск.

Из неправдоподобной азиатской жары я попал в край сумрачных елей, болот, покрытых лишаями гор и ранней зимы.

Там я начал писать «Кара-Бугаз» – в гостинице в Соликамске. Она помещалась в бывшем монастырском здании. Комната была сводчатая, холодная, и, кроме меня, там жили, как на фронте, три инженера-химика – один мужчина и две женщины. Инженеры работали на Соликамских калийных шахтах.

В гостинице пахло XVII веком-ладаном, хлебом, кожами. По ночам ночные сторожа в тулупах отбивали часы в чугунные доски. В мутном свете снегов белели древние алебастровые соборы времен «царствования Строгановых».

Ничто здесь не напоминало об Азии, и от этого мне было почему-то легче писать.

Вот очень короткая, рассказанная скороговоркой история «Кара-Бугаза». Нет возможности не только рассказать, но просто перечислить все встречи, поездки, разговоры и случаи, которые были на моем пути.

Вы, конечно, заметили, что только часть – и то, пожалуй, небольшая – собранного материала вошла в повесть. Большая часть его осталась за бортом книги.

Но жалеть об этом не стоит. Этот материал в любое время может ожить на страницах новой книги.

Я писал «Кара-Бугаз» и не думал о правильном расположении материала. Я располагал его в той последовательности, в какой он накапливался во время поездки по берегам Каспийского моря.

После выхода «Кара-Бугаза» критики нашли в этой повести «композицию по спирали» и очень этому радовались. Но я в этом не виноват ни умом, ни сердцем.

Когда я работал над «Кара-Бугазом», я думал главным образом о том, что многое в нашей жизни можно наполнить лирическим и героическим звучанием и выразить живописно и точно. Будь то повесть о глауберовой соли или о постройке бумажной фабрики в северных лесах.

Все это может с огромной силой ударить по сердцам, но при непременном условии, что человек, пишущий эти повести, стремится к правде, верит в силу разума, в спасительную власть сердца и любит землю.

На днях я читал стихи Павла Антокольского и нашел в них две строфы, хорошо передающие состояние влюбленного в жизнь человеческого сердца. Это сердце не может не слышать, должно слышать

И стоны скрипок отдаленных,
Предчувствующие ход весны,
И отклик скрипкам в миллионах
Звенящих капель тишины –

Всю эту музыку вселенной.
Которая, из века в век;
Пребудет чистой и нетленной,
Чтоб радовался человек...

Зарубки на сердце

О память сердца, ты сильней
Рассудка памяти печальной.

Батюшков

Читатели часто спрашивают людей пишущих, каким образом и долго ли они собирают материал для своих книг. И обыкновенно очень удивляются, когда им отвечают, что никакого нарочитого собирания материала нет и не бывает.

Сказанное выше не относится, конечно, к изучению материала научного и познавательного, необходимого писателю для той или иной книги. Речь идет только о наблюдениях живой жизни.

Жизненный материал – все то, что Достоевский называл «подробностями текущей жизни», – не изучают. Просто писатели живут, если можно так выразиться, внутри этого материала – живут, страдают, думают, радуются, участвуют в больших и малых событиях, и каждый день жизни оставляет, конечно, в их памяти и сердце свои заметы и свои зарубки.

Необходимо, чтобы у читателей (а кстати, и у иных молодых писателей) исчезло представление о писателе как о человеке, бродящем повсюду с неизменной записной книжкой в руках, как о профессиональном «записывателе» и соглядатае жизни.

Тот, кто будет заставлять себя накапливать наблюдения и носиться со своими записями («как бы чего не забыть»), конечно, наберет без разбору груды наблюдений, но они будут мертвыми. Иначе говоря, если эти наблюдения перенести из записной книжки в ткань живой прозы, то почти всегда они будут терять свою выразительность и выглядеть чужеродными кусками.

Никогда нельзя думать, что вот этот куст рябины или вот этот седой барабанщик в оркестре понадобятся мне когда-нибудь для рассказа и потому я должен особенно пристально, даже несколько искусственно, их наблюдать. Наблюдать, так сказать, «по долгу службы», из чисто деловых побуждений.

Никогда не следует насильственно втискивать в прозу хотя бы и очень удачные наблюдения. Когда понадобится, они сами войдут в нее и станут на место. Писатель часто бывает удивлен, когда какой-нибудь давно и начисто позабытый случай или какая-нибудь подробность вдруг расцветают в сго памяти именно тогда, когда они бывают необходимы для работы.

Одна из основ писательства – хорошая память.

Может быть, все эти мысли станут яснее, если я расскажу о том, как был написан мною рассказ «Телеграмма».

Я поселился поздней осенью в деревне под Рязанью, в усадьбе известного в свое время гравера Пожалостина. Там одиноко доживала свой век дряхлая ласковая старушка – дочь Пожалостина, Катерина

Ивановна. Единственная ее дочь Настя жила в Ленинграде и совсем позабыла о матери – она только раз в два месяца присылала Катерине Ивановне деньги.

Я занял одну комнату в гулком, большом доме с почернелыми бревенчатыми стенами. Старушка жила на другой половине. К ней надо было проходить через пустые сени и несколько комнат со скрипучими, пыльными половицами.

Кроме старушки и меня, в доме больше никто не жил. Дом этот считался мемориальным.

Позади двора с обветшалыми службами шумел на ветру большой и такой же запущенный, как и дом, сырой и озябший сад.

Я приехал работать и первое время писал у себя в комнате с утра до темноты. Темнело рано. В пять часов надо было уже зажигать старую керосиновую лампу с абажуром в виде тюльпана из матового стекла.

Но потом я перенес работу на вечер. Было жаль просиживать немногие дневные часы в комнате, когда я мог в это время бродить по лесам и лугам, уже готовым к приходу зимы.

Я бродил подолгу и видел много примет осени. По утрам в лужах под стеклянной коркой льда были видны пузыри воздуха. Иногда в таком пузыре лежал, как в полом хрустальном шаре, багровый или лимонный лист осины или березы. Мне нравилось разбивать лед, доставать эти замерзшие листья и приносить их домой. Скоро у меня на подоконнике собралась целая куча таких листьев. Они отогрелись, и от них тянуло запахом спирта.

Лучше всего было в лесах. По лугам дул ветер, а в лесах стояла похрустывающая ледком сумрачная тишина. Может быть, в лесах было особенно тихо от темных облаков. Они так низко нависали над землей, что кроны сосен закутывались подчас туманом.

Иногда я ходил удить рыбу на протоки Оки. Там в зарослях от терпкого запаха ивовых листьев как будто сводило кожу на лице. Вода была черная, с глухим зеленоватым отливом. Рыба брала по осени редко и осторожно.

А потом полили дожди, растрепали сад, прибили к земле почернелую траву. В воздухе запахло водянистым снегом.

Много было примет осени, но я не старался запоминать их. Одно я знал твердо – что никогда не забуду этой осенней горечи, чудесным образом соединенной с легкостью на душе и простыми мыслями.

Чем угрюмее были тучи, волочившие по земле мокрые, обтрепанные подолы, чем холоднее дожди, тем свежее становилось на сердце, тем легче, как бы сами по себе, ложились на бумагу слова.

Важно было ощущение осени, тот строй чувств и мыслей, какой она вызывала. А все, что называется материалом, -люди, события, отдельные частности и подробности, -это, как я знал по опыту, надежно спрятано до поры до времени где-то внутри этого ощущения осени. И как только я вернусь к этому ощущению в каком-нибудь рассказе, то все это тотчас появится в памяти и перейдет на бумагу.

Я не изучал тот старый дом, где жил, как материал для рассказа. Я просто полюбил его за угрюмость и тишину, за бестолковый стук ходиков, постоянный запах березового дыма из печки, старые гравюры на стенах (их осталось очень мало, так как почти все гравюры у Катерины Ивановны забрал областной музей): «Автопортрет» Брюллова, «Несение креста», «Птицелов» Перова и портрет Полины Виардо.

Стекла в окнах были старенькие и кривые. Они переливались радужным блеском, и язычок свечи отражался в них почему-то два раза.

Все вещи – диваны, столы и стулья – были сделаны из светлого дерева, блестели от времени и пахли кипарисом, как иконы.

В доме было много смешных вещей: медные ночники в виде факелов, замки с секретом, фарфоровые пузатые флакончики с окаменелыми кремами и надписью на этикетках «Париж», запыленный букетик камелий, сделанный из воска (он висел на огромном заржавленном костыле), круглая щеточка, чтобы стирать с ломберного стола записанные мелком карточные взятки.

Было три толстых календаря – за 1848, 1850 и 1852 годы. Там в списках придворных дам я нашел Наталью Николаевну Ланскую – жену Пушкина и Елизавету Ксаверьевну Воронцову – женщину, связанную с Пушкиным любовью. И почему-то мне стало грустно от этого. До сих пор не понимаю – почему?

Может быть, оттого, что в доме было мертвенно тихо. Далеко на Оке, около Кузьминского шлюза, кричал пароход, и неотступно вспоминались стихи:

> Ненастный день потух. Ненастной ночи мгла
> По небу стелется одеждою свинцовой.
> Как привидение, за рощею сосновой
> Луна туманная взошла.

По вечерам я приходил к Катерине Ивановне пить чай.

Она сама уже плохо видела, и к ней прибегала раза два-три за день для всяких мелких хозяйственных поделок соседская девочка Нюрка, по характеру своему угрюмая и всем недовольная.

Нюрка ставила самовар и пила с нами чай, громко высасывая его из блюдечка. На все тихие речи Катерины Ивановны Нюрка отзывалась только одними словами:

– Ну вот еще! Чего выдумали!

Я ее стыдил, но она и мне говорила:

– Ну вот еще! Будто я ничего не понимаю, будто я совсем серая!

Но на деле Нюрка, пожалуй, единственная любила Катерину Ивановну. И вовсе не за то, что иногда Катерина Ивановна дарила ей то старую бархатную шляпу с чучелом птицы колибри, то стеклярусовую наколку или желтое от времени кружевце.

Катерина Ивановна жила когда-то с отцом в Париже, знала Тургенева, была на похоронах Виктора Гюго. Она рассказывала мне об этом, а Нюрка говорила:

– Ну вот еще! Чего выдумали! Но Нюрка долго не засиживалась и уходила домой укладывать спать «своих младшеньких».

Катерина Ивановна никогда не выпускала из рук старенькую атласную сумочку. Там у нее хранились все ее богатства: письма Насти, скудные деньги, паспорт, фотография той же Насти – красивой женщины с тонкими изломанными бровями и затуманенным взглядом – и пожелтевшая фотография самой Катерины Ивановны, когда она была еще девушкой, – воплощение нежности и чистоты.

Катерина Ивановна никогда ни на что не жаловалась, кроме как на старческую слабость. Но я знал от соседей и от бестолкового доброго старика Ивана Дмитриевича, сторожа при пожарном сарае, что у Катерины Ивановны – не жизнь, а одно горе горькое. Настя вот уже четвертый год как не приезжает, забыла, значит, мать, а дни у Катерины Ивановны считанные. Неровен час, так и умрет она, не повидав дочери, не приласкав ее, не погладив ее русые волосы «очаровательной красоты» (так говорила о них Катерина Ивановна).

Настя присылала Катерине Ивановне деньги, но и то бывало с перерывами. Как Катерина Ивановна жила во время этих перерывов – никому не известно.

Однажды Катерина Ивановна попросила меня проводить ее в сад, – в нем она не была с ранней весны, все не пускала слабость.

– Дорогой мой, – сказала Катерина Ивановна, – уж вы не взыщите с меня, со старой. Хочется мне напоследок посмотреть сад. В нем я еще девушкой зачитывалась Тургеневым. Да и кое-какие деревья я посадила сама.

Она одевалась очень долго. Надела старый теплый салопчик, теплый платок и, крепко держась за мою руку, медленно спустилась с крылечка.

Уже вечерело. Сад облетел. Палые листья мешали идти. Они громко трещали и шевелились под ногами. На зеленеющей заре зажглась звезда. Далеко над лесом висел серп месяца.

Катерина Ивановна остановилась около обветренной липы, оперлась о нее рукой и заплакала.

Я крепко держал ее, чтобы она не упала. Плакала она, как очень старые люди, не стыдясь своих слез.

– Не дай вам Бог, родной мой, – сказала она мне, – дожить до такой одинокой старости! Не дай вам бог!

Я осторожно повел ее домой и подумал: как бы я был счастлив, если бы у меня была такая мать!

Вечером Катерина Ивановна дала мне почитать связку желтых от старости писем, оставшихся от отца.

Там были письма художника Крамского и гравера Иордана из Рима. Иордан писал о своей дружбе со знаменитым датским скульптором Торвальдсеном, об удивительных мраморных статуях Латерана.

Я читал эти письма, как всегда, ночью. Ветер проносился за стеной, шумел в мокрых голых кустах, и лампа потрескивала, как бы разговаривая от скуки сама с собой. Почему-то странно и хорошо было читать эти письма из Рима именно здесь, в ненастную ночь, слушая, как колхозный сторож стучит у околицы в колотушку.

Тогда я заинтересовался Торвальдсеном, достал потом в Москве все, что можно было прочесть о нем, узнал о его дружбе со сказочником Христианом Андерсеном и несколько лет спустя написал об Андерсене рассказ. Этим рассказом я тоже был обязан старому деревенскому дому.

А еще через несколько дней Катерина Ивановна слегла и уже не вставала. У нее ничего не болело. Жаловалась она только на усталость.

Я послал телеграмму Насте в Ленинград. Нюрка перебралась в комнату Катерины Ивановны, чтобы на всякий случай быть ближе.

Однажды ночью Нюрка сильно застучала ко мне в стенку и крикнула испуганным голосом:

– Идите! Бабка помирает!

Катерина Ивановна лежала без сознания и только чуть заметно дышала. Я попробовал пульс – он не бился, а тихо дрожал, тоненький, как паутина.

Я оделся, зажег фонарь и пошел в сельскую больницу за доктором. Больница была далеко в лесу. Черный ветер нес с порубки запах опилок. Была поздняя ночь, даже не лаяли собаки.

Врач впрыснул Катерине Ивановне камфору, повздыхал и ушел, сказав напоследок, что это агония, но длиться она будет долго, потому что у Катерины Ивановны хорошее сердце.

Умерла Катерина Ивановна к утру. Мне пришлось закрыть ей глаза. Я, должно быть, никогда не забуду, как я осторожно прижал ее полузакрытые веки и неожиданно из-под них скатилась тусклая слеза.

Нюрка, задыхаясь от плача, дала мне помятый конверт и сказала:

– Тут Катерина Ивановна велела, в чем ее хоронить.

Я вскрыл конверт, прочел несколько слов, написанных дрожащей старческой рукой, – приказ о том, что на нее надеть после смерти, – и отдал записку женщинам, что пришли утром прибрать Катерину Ивановну в последний ее путь.

Потом я пошел на кладбище выбрать место для могилы, а когда вернулся, Катерина Ивановна уже лежала прибранная на столе, и я остановился, пораженный.

Она лежала тоненькая, как девушка, в старинном бальном платье золотистого цвета, со шлейфом. Шлейф был свободно обернут вокруг ее ног. Из-под него были видны маленькие черные замшевые туфли. На руках, державших свечу, были туго натянуты до локтя белые лайковые перчатки. Букет из шелковых алых роз был приколот к ее корсажу.

Лицо было закрыто фатой, и если бы не сухие, сморщенные локти, видневшиеся между рукавом и краем белых перчаток, то можно было бы подумать, что это лежит молодая и стройная женщина.

Настя опоздала на три дня и приехала уже после похорон.

Все рассказанное выше – это и есть тот писательский житейский материал, из которого рождается проза.

Характерно, что все обстоятельства, все подробности, самая обстановка деревенского дома и осени – все это было в полном соответствии с состоянием Катерины Ивановны, с той тяжелой душевной драмой, какую она переживала в последние свои дни.

Но, конечно, далеко не все увиденное и передуманное тогда вошло в «Телеграмму». Многое осталось за рамками рассказа, как это и происходит постоянно.

Сплошь и рядом для небольшого рассказа нужно, как говорится на писательском языке, «поднять» большой материал, чтобы выбрать из него самое ценное.

Мне пришлось наблюдать работу хороших актеров, игравших второстепенные роли. У героя, которого играл такой актер, было всего две-три фразы на протяжении всей пьесы, но актер придирчиво расспрашивал автора не только о характере и внешности этого человека, но и об его биографии, о той среде, из которой он вышел.

Это точное знание нужно было актеру, чтобы правильно произнести свои две-три фразы.

То же самое происходит и с писателями. Запас материала должен быть гораздо больший, чем то количество его, которое понадобится для рассказа.

Я рассказал о «Телеграмме». Но у каждого рассказа своя история и свой материал.

Однажды зимой я жил в Ялте. Когда я открывал окна, в комнату залетали сухие дубовые листья. Они ползали от ветра по полу и шуршали. Это были листья не вековых дубов, а того низкорослого кустарникового дубняка, каким зарастают склоны крымской яйлы.

По ночам холодный ветер дул с гор, присыпанных снегом. Снег магически сверкал в свете шевелящихся звезд.

Поэт Асеев, живший рядом, писал стихи о героической Испании (это было во время испанских событий), о «древнем небе Барселоны».

Поэт Владимир Луговской пел своим мощным басом старинные песни английских матросов:

Прощай, земля! Корабль уходит в море,
И чайки след остался за кормой...

По вечерам мы собирались около радио и слушали сводки о боях в Испании.

Мы ездили в Симеизскую обсерваторию. Седой астроном показывал нам звездное небо – сияние редких и головокружительно далеких огней в необъятных провалах неба.

Изредка до Ялты доносилась учебная стрельба кораблей Черноморского флота. Тогда вздрагивала в графинах вода, тихий гул перекатывался по яйле, запутывался в сосновой хвое и затихал.

Ночью в небе рокотали невидимые самолеты.

Я читал книгу Франко о Сервантесе. Книг было мало, и потому я прочел ее несколько раз.

В то время четырехлапая свастика начала быстро расползаться по Европе. Генрих Манн, Эйнштейн, Ремарк, Стефан Цвейг – благородные люди Германии – покинули свою родину, не желая быть сообщниками «коричневой чумы» и бесноватого негодяя Гитлера. Изгнанники унесли в своих сердцах непоколебимую веру в победу гуманизма.

Гайдар привел в наш дом огромную лохматую овчарку со смеющимися желтыми глазами. Он говорил, что это пастушеская горная собака.

Гайдар писал тогда самый изумительный свой рассказ – «Голубую чашку». И прикидывался, что ничего не понимает в литературе. Он вообще любил прикидываться простаком.

Черное море заунывно шумело по ночам. Шумело оно и днем, но тогда его не было так хорошо слышно. Под шум моря было легче писать.

Вот целый ряд подробностей тогдашней «текущей жизни». Из них сложился рассказ «Созвездие Гончих Псов». В этом рассказе вы найдете почти все, о чем я упоминал выше: сухие дубовые листья, седого астронома, гул канонады, Сервантеса, людей, непоколебимо верящих в победу гуманизма, горную овчарку, ночной полет и многое другое.

Все это спаяно, конечно, в ином соотношении и вошло в определенный сюжет.

Когда я писал этот рассказ, я все время старался сохранить в себе ощущение холодного ветра с ночных гор. Это было как бы лейтмотивом рассказа.

АЛМАЗНЫЙ ЯЗЫК

Родник в мелколесье

Дивишься драгоценности нашего языка что ни звук, то и подарок; все зернисто, крупно, как сам жемчуг, и, право, иное название еще драгоценнее самой вещи.

Гоголь

Родник в мелколесье

Многие русские слова сами по себе излучают поэзию, подобно тому как драгоценные камни излучают таинственный блеск.

Я понимаю, конечно, что ничего таинственного в их блеске нет и что любой физик легко объяснит это явление законами оптики.

Но все же блеск камней вызывает ощущение таинственности. Трудно примириться с мыслью, что внутри камня, откуда льются сияющие лучи, нет собственного источника света.

Это относится ко многим камням, даже к такому скромному, как аквамарин. Цвет его нельзя точно определить. Для него еще не нашли подходящего слова.

Аквамарин считается по своему имени (аква марин – морская вода) камнем, передающим цвет морской волны. Это не совсем так. В прозрачной его глубине есть оттенки мягкого зеленоватого цвета и бледной синевы. Но все своеобразие аквамарина заключается в том, что он ярко освещен изнутри совершенно серебряным (именно серебряным, а не белым) огнем.

Кажется, что если вглядеться в аквамарин, то увидишь тихое море с водой цвета звезд.

Очевидно, эти цветовые и световые особенности аквамарина и других драгоценных камней и вызывают у нас чувство таинственности. Их красота нам все же кажется необъяснимой.

Сравнительно легко объяснить происхождение «поэтического излучения» многих наших слов. Очевидно, слово кажется нам поэтическим в том случае, когда оно передает понятие, наполненное для нас поэтическим содержанием.

Но действие самого слова (а не понятия, которое оно

выражает) на наше воображение, хотя бы, к примеру, такого простого слова, как «зарница», объяснить гораздо труднее. Самое звучание этого слова как бы передает медленный ночной блеск далекой молнии.

Конечно, это ощущение слов очень субъективно. На нем нельзя настаивать и делать его общим правилом. Так я воспринимаю и слышу это слово. Но я далек от мысли навязывать это восприятие другим.

Бесспорно лишь то, что большинство таких поэтических слов связано с нашей природой.

Русский язык открывается до конца в своих поистине волшебных свойствах и богатстве лишь тому, кто кровно любит и знает «до косточки» свой народ и чувствует сокровенную прелесть нашей земли.

Для всего, что существует в природе, – воды, воздуха, неба, облаков, солнца, дождей, лесов, болот, рек и озер, лугов и полей, цветов и трав, – в русском языке есть великое множество хороших слов и названий.

Чтобы убедиться в этом, чтобы изучить емкий и меткий словарь, у нас есть, помимо книг таких знатоков природы и народного языка, как Кайгородов, Пришвин, Горький, Алексей Толстой, Аксаков, Лесков, Бунин и многие другие писатели, главный и неиссякаемый источник языка – язык самого народа, язык колхозников, паромщиков, пастухов, пасечников, охотников, рыбаков, старых рабочих, лесных объездчиков, бакенщиков, кустарей, сельских живописцев, ремесленников и всех тех бывалых людей, у которых что ни слово, то золото.

Особенно ясными для меня стали эти мысли после встречи с одним лесником.

Мне кажется, что я где-то уже рассказывал об этом. Если это верно, то прошу простить меня, но придется повторить старый рассказ. Он имеет значение для разговора о русской речи.

Шли мы с этим лесником по мелколесью. В незапамятные времена здесь было большое болото, потом оно высохло, заросло, и сейчас о нем напоминал только глубокий, вековой мох, небольшие окна-колодцы в этом мху да обилие багульника.

Я не разделяю распространенного пренебрежения к мелколесью. В мелколесье много прелести. Юные деревца всех пород – ель и сосна, осина и береза – растут дружно и тесно. Там всегда светло и чисто, как в прибранной к празднику крестьянской горнице.

Каждый раз, когда я попадаю в мелколесье, мне кажется,

что именно в этих местах художник Нестеров нашел черты своего пейзажа. Здесь каждый стебелек и веточка живут своей отдельной живописной жизнью и потому особенно заметны и милы.

Кое-где во мху, как я уже говорил, попадались маленькие круглые окна-колодцы. Вода в них казалась неподвижной. Но если приглядеться, то можно было увидеть, как из глубины оконца все время подымается тихая струя и в ней вертятся сухие листики брусники и желтые сосновые иглы.

Мы остановились у одного такого оконца и напились воды. Она попахивала скипидаром.

– Родник! – сказал лесник, глядя, как из оконца всплыл и тотчас пошел на дно неистово барахтавшийся жук. – Должно, Волга тоже начинается из такого оконца?

– Да, должно быть, – согласился я.

– Я большой любитель разбирать слова, – неожиданно сказал лесник и смущенно усмехнулся. – И вот, скажи на милость! Бывает же так, что пристанет к тебе одно слово и не дает покоя.

Лесник помолчал, поправил на плече охотничье ружье и спросил:

– Вы, говорят, вроде книги пишете?

– Да, пишу.

– Значит, соображение слов у вас должно быть обдуманное. А я вот как ни прикидываю, а редко какому слову найду объяснение. Идешь по лесу, перебираешь в голове слово за словом, и так их прикинешь и этак: откуда они взялись? Да ничего не получается.

Познаний у меня нет. Не обучен. А бывает, найдешь слову объяснение и радуешься. А чему радоваться? Мне не ребят учить. Я лесной человек, простой обходчик.

– А какое слово к вам привязалось сейчас? – спросил я.

– Да вот этот самый родник. Я это слово давно приметил. Все его обхаживаю. Надо думать, получилось оно оттого, что тут вода зарождается. Родник родит реку, а река льется-течет через всю нашу матушку землю, через всю родину, кормит народ. Вы глядите, как это складно выходит, – родник, родина, народ. И все эти слова как бы родия между собой. Как бы родня! – повторил он и засмеялся.

Простые эти слова открыли мне глубочайшие корни нашего языка.

Весь многовековый опыт народа, вся поэтическая сторона его характера заключались в этих словах.

Язык и природа

Я уверен, что для полного овладения русским языком, для того, чтобы не потерять чувство этого языка, нужно не только постоянное общение с простыми русскими людьми, но общение с пажитями и лесами, водами, старыми ивами, с пересвистом птиц и с каждым цветком, что кивает головой из-под куста лещины.

Должно быть, у каждого человека случается свое счастливое время открытий. Случилось и у меня одно такое лето открытий в лесистой и луговой стороне Средней России – лето, обильное грозами и радугами.

Прошло это лето в гуле сосновых лесов, журавлиных криках, в белых громадах кучевых облаков, игре ночного неба, в непролазных пахучих зарослях таволги, в воинственных петушиных воплях и песнях девушек среди вечереющих лугов, когда закат золотит девичьи глаза и первый туман осторожно курится над омутами.

В это лето я узнал наново – на ощупь, на вкус, на запах – много слов, бывших до той поры хотя и известными мне, но далекими и непережитыми. Раньше они вызывали только один обычный скудный образ. А вот теперь оказалось, что в каждом таком слове заложена бездна живых образов.

Какие же это слова? Их так много, что неизвестно даже, с каких слов начинать. Легче всего, пожалуй, с «дождевых».

Я, конечно, знал, что есть дожди моросящие, слепые, обложные, грибные, спорые, дожди, идущие полосами – полосовые, косые, сильные окатные дожди и, наконец, ливни (проливни).

Но одно дело – знать умозрительно, а другое дело – испытать эти дожди на себе и понять, что в каждом из них заключена своя поэзия, свои признаки, отличные от признаков других дождей.

Тогда все эти слова, определяющие дожди, оживают, крепнут, наполняются выразительной силой. Тогда за каждым таким словом видишь и чувствуешь то, о чем говоришь, а не произносишь его машинально, по одной привычке.

Между прочим, существует своего рода закон воздействия писательского слова на читателя.

Если писатель, работая, не видит за словами того, о чем он пишет, то и читатель ничего не увидит за ними.

Но если писатель хорошо видит то, о чем пишет, то самые

простые и порой даже стертые слова приобретают новизну, действуют на читателя с разительной силой и вызывают у него те мысли, чувства и состояния, какие писатель хотел ему передать.

В этом, очевидно, и заключается тайна так называемого подтекста.

Но вернемся к дождям.

С ними связано много примет. Солнце садится в тучи, дым припадает к земле, ласточки летают низко, без времени голосят по дворам петухи, облака вытягиваются по небу длинными туманными прядями – все это приметы дождя. А незадолго перед дождем, хотя еще и не натянуло тучи, слышится нежное дыхание влаги. Его, должно быть, приносит оттуда, где дожди уже пролились.

Но вот начинают крапать первые капли. Народное слово «крапать» хорошо передает возникновение дождя, когда еще редкие капли оставляют темные крапинки на пыльных дорогах и крышах.

Потом дождь расходится. Тогда-то и возникает чудесный прохладный запах земли, впервые смоченной дождем. Он держится недолго. Его вытесняет запах мокрой травы, особенно крапивы.

Характерно, что независимо от того, какой будет дождь, его, как только он начинается, всегда называют очень ласково – дождиком. «Дождик собрался», «дождик припустил», «дождик траву обмывает».

Разберемся в нескольких видах дождя, чтобы понять, как оживает слово, когда с ним связаны непосредственные впечатления, и как это помогает писателю безошибочно им пользоваться.

Чем, например, отличается спорый дождь от грибного?

Слово «спорый» означает – быстрый, скорый. Спорый дождь льется отвесно, сильно. Он всегда приближается с набегающим шумом.

Особенно хорош спорый дождь на реке. Каждая его капля выбивает в воде круглое углубление, маленькую водяную чашу, подскакивает, снова падает и несколько мгновений, прежде чем исчезнуть, еще видна на дне этой водяной чаши. Капля блестит и похожа на жемчуг.

При этом по всей реке стоит стеклянный звон. По высоте этого звона догадываешься, набирает ли дождь силу или стихает.

А мелкий грибной дождь сонно сыплется из низких туч. Лужи от этого дождя всегда теплые. Он не звенит, а шепчет что-то свое, усыпительное, и чуть заметно возится в кустах, будто трогает мягкой лапкой то один лист, то другой.

Лесной перегной и мох впитывают этот дождь не торопясь, основательно. Поэтому после него начинают буйно лезть грибы – липкие маслята, желтые лисички, боровики, румяные рыжики, опенки и бесчисленные поганки.

Во время грибных дождей в воздухе попахивает дымком и хорошо берет хитрая и осторожная рыба – плотва.

О слепом дожде, идущем при солнце, в народе говорят: «Царевна плачет». Сверкающие на солнце капли этого дождя похожи на крупные слезы. А кому же и плакать такими сияющими слезами горя или радости, как не сказочной красавице царевне!

Можно подолгу следить за игрой света во время дождя, за разнообразием звуков – от мерного стука по тесовой крыше и жидкого звона в водосточной трубе до сплошного, напряженного гула, когда дождь льет, как говорится, стеной.

Все это – только ничтожная часть того, что можно сказать о дожде. Но и этого довольно, чтобы возмутиться словами одного писателя, сказавшего мне с кислой гримасой:

– Я предпочитаю живые улицы и дома вашей утомительной и мертвой природе. Кроме неприятностей и неудобств, дождь, конечно, ничего не приносит. Вы просто фантазер!

Сколько превосходных слов существует в русском языке для так называемых небесных явлений!

Летние грозы проходят над землей и заваливаются за горизонт. В народе любят говорить, что туча не прошла, а свалилась.

Молнии то с размаху бьют в землю прямым ударом, то полыхают на черных тучах, как вырванные с корнем ветвистые золотые деревья.

Радуги сверкают над дымной, сырой далью. Гром перекатывается, грохочет, ворчит, рокочет, встряхивает землю.

Недавно в деревне один маленький мальчик пришел во время грозы ко мне в комнату и, глядя на меня большими от восторга глазами, сказал:

– Пойдем смотреть гром?!

Он был прав, сказав это слово во множественном числе: гроза была обложная, и гремело сразу со всех сторон.

Мальчик сказал «смотреть грома», и я вспомнил слова из «Божественной комедии» Данте о том, что «солнца луч умолк». И тут и там было смещение понятий. Но оно придавало резкую выразительность слову.

Я уже упоминал о зарнице.

Чаще всего зарницы бывают в июле, когда созревают хлеба. Поэтому и существует народное поверие, что зарницы «зарят хлеб», – освещают его по ночам – и от этого хлеб наливается быстрее.

Рядом с зарницей стоит в одном поэтическом ряду слово «заря» – одно из прекраснейших слов русского языка.

Это слово никогда не говорят громко. Нельзя даже представить себе, чтобы его можно было прокричать. Потому что оно сродни той устоявшейся тишине ночи, когда над зарослями деревенского сада занимается чистая и слабая синева. «Развидняет», как говорят об этой поре суток в народе.

В этот заревой час низко над самой землей пылает утренняя звезда. Воздух чист, как родниковая вода.

В заре, в рассвете, есть что-то девическое, целомудренное. На зорях трава омыта росой, а по деревням пахнет теплым парным молоком. И поют в туманах за околицами пастушьи жалейки.

Светает быстро. В теплом доме тишина, сумрак. Но вот на бревенчатые стены ложатся квадраты оранжевого света, и бревна загораются, как слоистый янтарь. Восходит солнце.

Осенние зори иные – хмурые, медленные. Дню неохота просыпаться – все равно не отогреешь озябшую землю и не вернешь убывающий солнечный свет.

Все никнет, только человек не сдается. С рассвета уже горят печи в избах, дым мотается над селами и стелется по земле. А потом, глядишь, и ранний дождь забарабанил по запотевшим стеклам.

Заря бывает не только утренняя, но и вечерняя. Мы часто путаем два понятия – закат солнца и вечернюю зарю.

Вечерняя заря начинается, когда солнце уже зайдет за край земли. Тогда она овладевает меркнущим небом, разливает по нему множество красок – от червонного золота до бирюзы – и медленно переходит в поздние сумерки и в ночь.

Кричат в кустах коростели, бьют перепела, гудит выпь, горят первые звезды, а заря еще долго дотлевает над далями и туманами.

Северные белые ночи, летние ночи Ленинграда – это непрерывная вечерняя заря или, пожалуй, соединение двух зорь, вечерней и утренней.

Никто не сказал об этом с такой поразительной точностью, как Пушкин:

Люблю тебя, Петра творенье,

Люблю твой строгий, стройный вид,
Невы державное теченье,
Береговой ее гранит.
Твоих оград узор чугунный,
Твоих задумчивых ночей
Прозрачный сумрак, блеск безлунный,
Когда я в комнате своей
Пишу, читаю без лампады,
И ясны спящие громады
Пустынных улиц и светла
Адмиралтейская игла,
И, не пуская мглу ночную
На золотые небеса,
Одна заря сменить другую
Спешит, дав ночи полчаса

Эти строки — не только вершины поэзии. В них не только точность, душевная ясность и тишина. В них еще все волшебство русской речи.

Если бы можно было представить, что исчезла бы русская поэзия, что исчез бы самый русский язык, а остались от него только эти несколько строк, то и тогда богатство и певучая сила нашего языка были бы ясны каждому. Потому что в этих стихах Пушкина собраны, как в магическом кристалле, все необыкновенные качества нашей речи.

Тот народ, который создал такой язык, — поистине великий и счастливый народ.

Груды цветов и трав

Не только лесник искал объяснения слов. Ищут их многие люди. И не успокаиваются, пока не находят.

Я помню, как меня поразило однажды слово «свей» в стихах у Сергея Есенина:

И меня по ветряному свею,
По тому ль песку
Поведут с веревкою на шее
Полюбить тоску...

Я не знал, что значит «свей», но чувствовал, что в этом слове заложено поэтическое содержание. Это слово как бы само по себе излучало его.

Я долго не мог узнать значение этого слова, а все догадки ни к чему не приводили. Почему Есенин сказал «ветряный свей»? Очевидно, это понятие было как-то связано с ветром. Но как?

Узнал я смысл этого слова от писателя-краеведа Юрина.

Юрин был придирчиво-любопытен ко всему, что имело хотя бы малейшее отношение к природе, укладу жизни и истории Средней России.

Этим он напоминал тех знатоков и любителей своего края, кропотливых исследователей и собирателей по зернышкам и по капелькам всяких интересных черт из краевой, а то и из районной, географии, флоры, фауны и истории, что еще сохранились по маленьким российским городам.

Юрин приехал ко мне в деревню, и мы пошли с ним в луга, за реку. Мы шли к мостушкам по чистому речному песку. Накануне был ветер, и на песке, как всегда бывает после ветра, лежала волнистая рябь.

– Вы знаете, как это называется? – спросил меня Юрин и показал на песчаную рябь.

– Нет, не знаю.

– Свей, – ответил Юрин. – Ветер свевает песок в эту рябь. Потому и такое слово.

Я обрадовался, как, очевидно, радовался лесник, когда находил разъяснение слову.

Вот почему Есенин написал «ветряный свей» и упомянул про песок («по тому ль песку...»). Больше всего я был рад, что это слово выражало, как я и предполагал, простое и поэтическое явление природы.

Родина Есенина – село Константиново (теперь Есенине) было недалеко за Окой.

В той стороне всегда садилось солнце. И мне с тех пор поэзия Есенина кажется наилучшим выражением широких закатов за Окой и сумерек в сырых лугах, когда на них ложится не то туман, не то синеватый дымок с лесных гарей.

В этих, как будто безлюдных лугах было у меня много всяких случаев и неожиданных встреч.

Однажды я ловил рыбу на небольшом озере с высокими, крутыми берегами, заросшими цепкой ежевикой. Озеро обступили старые ивы и осокори. Поэтому на нем всегда было безветренно и сумрачно, даже в солнечный день.

Сидел я у самой воды, в таких крепких зарослях, что сверху

меня совершенно не было видно. По краю берега цвели желтые ирисы, а дальше в иловатой, но глубокой воде все время струились со дна пузырьки воздуха, – должно быть, караси копались в иле, отыскивали пищу.

Наверху, надо мной, где по пояс стояли цветы, деревенские дети собирали щавель. Судя по голосам, там было три девочки и маленький мальчик.

Две девочки изображали в разговорах между собой многодетных деревенских женщин. Каждая, должно быть, подражала своей матери. Это у них была такая игра. Третья девочка все помалкивала и только запевала тоненьким голосом:

> Так во время воздушной трявоги
> Народилась красавица дочь...

Дальше она слов не знала и, помолчав, снова заводила свою песню о воздушной тревоге.

– Трявога, трявога! – сердито сказала девочка с хрипловатым голосом. – Маешься цельный день, чтобы в школу их определить, всю эту ораву, всю братию, а чему они в школе научаются? Слово сказать и то не умеют по-людски! «Тревоги» надо говорить, а не «трявоги!» Вот скажу отцу, он тебя проучит.

– А мой Петька анадысь, – сказала другая девочка, – двойку приволок. По арифметике. Уж я его утюжила-утюжила. Аж руки замлели.

– Врешь ты все, Нюрка! – сказал басом маленький мальчик. – Петьку маменька утюжила. И то чуть.

– Ишь, сопливый! – прикрикнула Нюрка. – Разговаривай у меня!

– Слушайте, девочки! – радостно воскликнула хрипловатая. – Ой, что я вам сейчас расскажу! Где-то тут около Птичьего брода растет куст. Как ночь, так он весь, до самой макушки, как почнет гореть синим огнем! Как почнет! И так горит и не сгорает до самой зари. А подойти к нему страшно.

– А чего ж он горит, Клава? – испуганно спросила Нюрка.

– Клад показывает, – ответила Клава. – Клад под ним закопан. Золотой карандашик. Кто возьмет тот карандашик, напишет свои горячие желания – они тут же и сбудутся.

– Дай! – требовательно сказал мальчик.

– Чего тебе дать?

– Карандашик!

– Отвяжись ты от меня!

74

– Дай! – крикнул мальчик и неожиданно заревел противным, оглушительным басом. – Дай карандашик, дурная!

– Ах, ты так? – крикнула Нюрка, и тотчас же раздался звонкий шлепок. – Несчастье мое! На что я тебя породила!

Мальчик непонятно почему, но сразу затих.

– А ты, милая, – сказала Клава притворным, сладеньким голосом, – не бей ребятишек своих. Недолго и паморки отбить. Ты вот как я действуй – учи их разуму. А то вырастут обалдуи – ни себе, ни людям никакой корысти.

– Чему его учить-то? – с сердцем ответила Нюрка. – Попробуй поучи его! Он те дасть!

– Как не поучить! – возразила Клава. – Их всему надо учить. Вот увязался за нами, скулит, а кругом, гляди, один цвет не похож на другой. Их тут сотни, этих цветов. А что он знает? Ничегошеньки он не знает. Даже как зовется вот этот цвет – и то не знает.

– Курослеп, – сказал мальчик.

– Да не курослеп это, а медуница. Сам ты курослеп!

– Мядуница! – даже с некоторым восхищением повторил мальчик.

– Да не «мядуница», а «медуница». Скажи правильно.

– Мядуница, – поспешно повторил мальчик и тут же спросил: – А это какой, розовый?

– Это мята. Повтори за мной: мята!

– Ну, мята, – согласился мальчик.

– Ты не нукай, а чисто за мной повторяй. А вот это таволга. Такая пахучая-пахучая! Такая нежная-пренежная! Хочешь, сорву?

Мальчику, видимо, понравилась эта игра. Он, посапывая, добросовестно повторял за Клавой названия цветов. А она так ими и сыпала:

– Вот, глянь, это подмаренник. А это купава. Вот та, с белыми колокольцами. А это кукушкины слезки.

Я слушал и только удивлялся. Девочка знала множество цветов. Она называла дрёму, ночную красавицу, гвоздику, пастушью сумку, копытень, мыльный корень, шпажник, валерьяну, чебрец, зверобой, чистотел и много других цветов и трав.

Но этот удивительный урок ботаники был неожиданно сорван.

– Я обстрекалси-и-и! – вдруг густо заревел мальчик. – Куды вы меня завели, дурные?! В самые колючки! Теперь я домой не дойду!

– Эй, девчонки! – крикнул издали стариковский голос. – Вы чего малого обижаете?

– Да он, дед Пахом, сам обстрекалси! – крикнула в ответ поборница чистого произношения Клава и добавила вполголоса: – У-у-у, бессовестный! Ты сам всякого изобидишь!

Слышно было, как к детям подошел старик. Он заглянул вниз, на озеро, увидел мои удочки и сказал:

– Тут человек рыбу лавит, а вы калган подняли на весь свет. Мало вам, что ли, лугов!

– Где лавит? – поспешно спросил мальчик. – Пусть мне дасть поудить!

– Куда полез! – крикнула Нюрка. – Еще сорвешься в воду, неслух окаянный!

Дети вскоре ушли, и я их так и не видел. А старик постоял на берегу, подумал, деликатно покашлял и спросил неуверенным голосом:

– У вас, гражданин, покурить не найдется?

Я ответил, что найдется, и старик со страшным шумом, цепляясь за петли ежевики, срываясь на откосе и чертыхаясь, спустился ко мне за папироской.

Старик оказался щуплый, маленький, но с огромным ножом в руке. Нож был в кожаном футляре. Сообразив, что я, чего доброго, обеспокоюсь из-за этого ножа, старик поспешно сказал:

– Я лозу пришел резать. Для корзин да вентерей. Плету помаленьку.

Я сказал старику, что вот какая тут была замечательная девочка – знает все цветы и травы.

– Это Клавка-то? – спросил он. – Да это колхозного конюха Карнаухова дочка. А чего ж ей не знать, когда у нее бабка первая травница на всю область! Вы с бабкой поговорите. Заслушаетесь. Да, – сказал он, помолчав, и вздохнул. – У каждого цвета свое наименование... Паспортизация, значит.

Я с удивлением взглянул на него. Старик попросил еще папироску и ушел. Вскоре ушел и я.

Когда я выбрался из зарослей на луговую дорогу, то увидел далеко впереди трех девочек. Они несли огромные охапки цветов. Одна из них тащила за руку маленького босого мальчика в большом картузе.

Девочки шли быстро. Было видно, как мелькают их пятки. Потом донесся тоненький голосок:

Так во время воздушной трявоги
Народилась красавица дочь...

Солнце уже садилось за Окой, за селом Есениным, и

освещало косым красноватым светом тянувшиеся стеной на востоке леса.

Словари

Всякие мысли приходят иногда в голову. Например, мысль о том, что хорошо бы составить несколько новых словарей русского языка (кроме, конечно, уже существующих общих словарей).

В одном таком словаре можно, предположим, собрать слова, имеющие отношение к природе, в другом – хорошие и меткие местные слова, в третьем – слова людей разных профессий, в четвертом – мусорные и мертвые слова, всю канцелярщину и пошлость, засоряющие русский язык.

Этот последний словарь нужен для того, чтобы отучить людей от скудоумной и ломаной речи.

Мысль о том, чтобы собрать слова, имеющие отношение к природе, пришла мне в голову в тот день, когда на луговом озерце я услышал, как хрипловатая девочка перечисляла разные травы и цветы.

Словарь этот будет, конечно, толковым. Каждое слово должно быть объяснено, и после него следует помещать несколько отрывков из книг писателей, поэтов и ученых, имеющих научное или поэтическое касательство к этому слову.

Например, после слова «сосулька» можно напечатать отрывок из Пришвина:

«Повислые под кручей частые длинные корни деревьев теперь под темными сводами берега превратились в сосульки и, нарастая больше и больше, достигли воды. И когда ветерок, даже самый ласковый, весенний, волновал воду и маленькие волны достигали под кручей концов сосулек, то волновали их, они качались, стуча друг о друга, звенели, и этот звук был первый звук весны, эолова арфа».

А после слова «сентябрь» хорошо бы напечатать отрывок из Баратынского:

И вот сентябрь! Замедля свой восход,
Сияньем хладным солнце блещет,

77

И луч его в зерцале зыбких вод
Неясным золотом трепещет.

Думая об этих словарях, особенно о словаре «природных» слов, я делил его на разделы: слова «лесные», «полевые», «луговые», слова о временах года, о метеорологических явлениях, о воде, реках и озерах, растениях и животных.

Я понимал, что такой словарь нужно составить так, чтобы его можно было читать, как книгу. Тогда он давал бы представление как о нашей природе, так и о широких богатствах языка.

Конечно, эта работа была бы не под силу одному человеку. У него не хватило бы на нее всей жизни.

Каждый раз, когда я думал об этом словаре, мне хотелось сбросить со счета лет двадцать, чтобы, конечно, не самому составлять такой словарь – для этого у меня не было познаний, – но хотя бы участвовать в работе над ним.

Я даже начал делать кое-какие записи для этого словаря, но, как водится, растерял. Восстановить же их по памяти почти невозможно.

Однажды почти все лето я занимался сбором трав и цветов. Я узнавал их названия и свойства по старому определителю растений и заносил все это в свои записи. Это было увлекательное занятие.

Никогда до тех пор я не представлял себе целесообразности всего, что происходит в природе, всей сложности и совершенства каждого листка, цветка, корня или семени.

Эта целесообразность напоминала иногда о себе чисто внешне и даже болезненно.

Как-то осенью я со своим другом провел несколько дней на рыбной ловле на глухом, старом русле Оки. Оно потеряло связь с рекой несколько столетий назад и превратилось в глубокое и длинное озеро. Его окружали такие заросли, что продраться к воде было трудно, а в иных местах и невозможно.

Я был в шерстяной куртке, и к ней пристало много колючих семян череды (похожих на плоские двузубцы), репейника и других растений.

Дни стояли ясные, холодные. Мы спали в палатке, не раздеваясь.

На третий день прошел небольшой дождь, куртка моя отсырела, и среди ночи я почувствовал в нескольких местах у себя на груди и руках резкую боль, будто от уколов булавки.

Оказалось, что круглые плоские семена какой-то травы,

пропитавшись влагой, задвигались, начали разворачиваться спиралью и ввинчиваться в мою куртку. Они провинтили ее насквозь, потом прокололи рубашку и среди ночи добрались наконец до моей кожи и начали осторожно покалывать ее.

Это был, пожалуй, один из самых ярких примеров целесообразности. Семя падало на землю и лежало там неподвижно до первых дождей. Ему не было смысла пробиваться в сухую почву. Но как только земля становилась влажной от дождя, семя, скрученное спиралью, набухало, оживало, ввинчивалось в землю, как бурав, и начинало в назначенный ему срок прорастать.

Я опять отвлекся от «основной нити повествования» и заговорил о семенах. Но пока я писал о семенах, мне вспомнилось еще одно удивительное явление. Я не могу не упомянуть о нем. Тем более что оно имеет некоторое, хотя и очень отдаленное, я бы сказал – чисто сравнительное отношение к литературе, в частности к вопросу о том, какие книги будут жить долго, а какие не выдержат испытания времени и умрут, как тот сентиментальный цветок, что «не расцвел и отцвел в утре пасмурных дней».

Дело идет о пряном запахе цветов обыкновенной липы – романтического дерева наших парков.

Этот запах слышен только на отдалении. Вблизи дерева он почти не заметен. Липа стоит как бы окруженная на большом расстоянии замкнутым кольцом этого запаха.

В этом есть целесообразность, но она нами еще целиком не разгадана.

Настоящая литература – как липовый цвет.

Часто нужно расстояние во времени, чтобы проверить и оценить ее силу и степень ее совершенства, чтобы почувствовать ее дыхание и неумирающую красоту.

Если время может погасить любовь и все другие человеческие чувства, как и самую память о человеке, то для подлинной литературы оно создает бессмертие.

Следует вспомнить слова Салтыкова-Щедрина, что литература изъята из законов тления. И слова Пушкина: «Душа в стозвучной лире мой прах переживет и тленья убежит». И слова Фета: «Этот листок, что иссох и свалился, золотом вечным горит в песнопенье».

Можно привести много таких же высказываний писателей, поэтов, художников и ученых всех времен и народов.

Эта мысль должна побуждать нас к «усовершенствованию любимых дум», к постоянному непокою, к завоеванию новых вершин мастерства. И к сознанию неизмеримого расстояния, лежащего между подлинными творениями человеческого духа и той серой, вялой и невежественной литературой, что совершенно не нужна живой душе человеческой.

Да, вот как далеко может завести разговор о свойствах липового цвета!

Очевидно, все может быть пособником человеческой мысли и ничем нельзя пренебрегать. Ведь рождаются же сказки при скромной помощи таких ненужных вещей, как сухая горошина или горлышко от разбитой бутылки.

Я все же попытаюсь вкратце восстановить по памяти некоторые из тех записей, какие я делал для предполагаемых (почти фантастических) словарей.

У некоторых наших писателей, насколько я знаю, есть такие «личные» словари. Но они никому их не показывают и упоминают о них неохотно.

То, что я недавно говорил о роднике, дождях, грозах, заре, «свее» и именах разных трав и цветов, – тоже возобновленные в памяти «записи для словаря».

Первые мои записи были о лесах. Я вырос на безлесном юге, и потому, может быть, больше всего в среднерусской природе я полюбил леса.

Первое «лесное» слово, какое меня совершенно заворожило, было глухомань. Правда, оно относится не только к лесу, но я впервые услышал его (так же, как и слово глушняк) от лесников. С тех пор оно связано в моем представлении с дремучим, замшелым лесом, сырыми чащами, заваленными буреломом, с йодистым запахом прели и гнилых пней, с зеленоватым сумраком и тишиной. «Сторона ли моя, ты сторонушка, вековая моя глухомань!»

А затем уже шли настоящие лесные слова: корабельная роща, осинник, мелколесье, песчаный бор, чапыга, мшары (сухие лесные болота), гари, чернолесье, пустошь, опушка, лесной кордон, березняк, порубка, корье, живица, просека, кондовая сосна, дубрава и много других простых слов, наполненных живописным содержанием.

Даже такой сухой технический термин, как «лесной межевой столб» или «пикет», полон неуловимой прелести. Если вы знаете леса, то согласитесь с этим.

Невысокие межевые столбы стоят на пересечении узких просек. Около них всегда есть песчаный бугор, заросший подсохшей высокой травой и земляникой. Этот бугор образовался из того песка, который выбрасывали из ямы, когда копали ее для столба. На стесанной верхушке столба выжжены цифры – номер «лесного квартала».

Почти всегда на этих столбах греются бабочки, сложив крылья, и озабоченно бегают муравьи.

Около этих столбов теплее, чем в лесу (или, может быть, так только кажется). Поэтому здесь всегда садишься отдохнуть, прислонившись к столбу спиной, слушая тихий гул вершин, глядя на небо. Оно хорошо видно над просеками. По нему медленно плывут облака с серебряными краями. Должно быть, можно просидеть так неделю и месяц и не увидеть ни одного человека.

В небе и облаках – тот же полуденный покой, что и в лесу, в склонившейся к подзолистой земле синей сухой чашечке колокольчика, и в вашем сердце.

Иногда через год-два узнаешь старый знакомый столб. И каждый раз думаешь, сколько воды утекло, где ты за это время побывал, сколько пережил горя и радости, а этот столб стоит здесь и ночи и дни, и зиму и лето, будто дожидается тебя, как безропотный друг. Только больше появилось на нем желтых лишаев да повилика заплела его до самой макушки. Она цветет и горьковато, по-миндальному пахнет, разогревшись от лесной теплоты.

Лучше всего смотреть на леса с пожарных вышек. Тогда хорошо видно, как они уходят за горизонт, подымаются на увалы, спускаются в лощины, стоят крепостными стенами над песчаными ярами. Кое-где поблескивает вода – зеркало тихого лесного озера или омут лесной речки с красноватой «суровой» водой.

С вышки можно охватить взглядом все дремучее полесье, весь торжественный лесной край – неизмеримый и неведомый, властно зовущий человека в свои загадочные чащи.

Этому зову невозможно противиться. Нужно тотчас брать рюкзак, компас и уходить в леса, чтобы затеряться в этом зеленом хвойном океане.

Так мы и сделали однажды с Аркадием Гайдаром. Шли мы лесами весь день и почти всю ночь без дорог, под звездами, светившими сквозь кроны сосен одним только нам (потому что все вокруг спало непробудным сном), пока перед рассветом не вышли к извилистой лесной речке. Она была закутана в туман.

Мы развели на берегу костер, сели около него и долго молчали, слушали, как где-то бормотала вода под корягой, а потом печально протрубил лось. Мы сидели, молчали и курили, пока на востоке не заголубела нежнейшая заря.

– Вот так бы сто лет! – сказал Гайдар. – Тебе бы хватило?

– Вряд ли.

– И мне бы не хватило. Давай котелок. Поставим чай.

81

Он пошел в темноту к реке. Я слышал, как он чистил котелок песком, и ругал его за то, что у того отвалилась проволочная ручка. Потом он запел про себя незнакомую мне песню:

Лес дремучий, разбойничий
Темен с давних времен.
Нож булатный за пазухой
Горячо наточен.

От его голоса было спокойно на душе. Лес стоял безмолвно, тоже слушал пение Гайдара, и только река все бормотала, сердясь на неудобную корягу.

Есть еще много слов и не лесных, но они с такой же силой, как и лесные, заражают нас скрытым в них очарованием.

Очень богат русский язык словами, относящимися к временам года и к природным явлениям, с ними связанным.

Возьмем хотя бы раннюю весну. У нее, у этой еще зябнущей от последних заморозков девочки-весны, есть в котомке много хороших слов.

Начинаются оттепели, ростепели, капели с крыш. Снег делается зернистым, ноздреватым, оседает и чернеет. Его съедают туманы. Постепенно развозит дороги, наступает распутица, бездорожье. На реках появляются во льду первые промоины с черной водой, а на буграх – проталины и проплешины. По краю слежавшегося снега уже желтеет мать-и-мачеха.

Потом на реках происходит первая подвижка льда (именно подвижка, а не движение), когда лед начинает косо колоться и смещаться и из лунок, продухов и прорубей выступает наружу вода.

Ледоход начинается почему-то чаще всего по темным ночам, после того как «пойдут овраги» и полая, талая вода, звеня последними льдинками – «черепками», сольется с лугов и полей.

Невозможно перечислить все. Поэтому я пропускаю лето и перехожу к осени, к первым ее дням, когда уже начинает «сентябрить».

Вянет земля, но еще впереди «бабье лето» с его последним ярким, но уже холодным, как блеск слюды, сиянием солнца, с густой синевой небес, промытых прохладным воздухом, с летучей паутиной («пряжей богородицы», как кое-где называют ее до сих пор истовые старухи) и палым, повялым листом, засыпающим опустелые воды. Березовые рощи стоят, как толпы девушек-красавиц, в шитых золотым листом полушалках. «Осенняя пора – очей очарованье».

Потом – ненастье, обложные дожди, ледяной северный ветер «сиверко», бороздящий свинцовые воды, стынь, стылость, кромешные ночи, ледяная роса, темные зори.

Так все и идет, пока первый мороз не схватит, не скует землю, не выпадет первая пороша и не установится первопуток. А там уже и зима с вьюгами, метелями, поземкой, снегопадом, седыми морозами, вешками на полях, скрипом подрезов на розвальнях, серым, снеговым небом.

Много у нас слов связано с туманами, ветрами, облаками и водами.

Особенно богато представлены в русском словаре реки с их плесами, бочагами, паромами и перекатами, где в межень с трудом проходят пароходы и, чтобы не сесть на мель, надо держать только по «главной струе».

Я знал нескольких паромщиков и перевозчиков. Вот у кого нужно учиться русскому языку!

Паром – это шумный колхозный базар. Он заменяет собой народные сборища и колхозные чайные.

Где и поговорить, как не на пароме, пока женщины, притворно ругая лодырей мужиков, медленно перебирают проволочный трос, пока косматые и покорные своей судьбе лошаденки дергают с соседних возов сено и торопливо жуют его, косясь на грузовик, где предсмертно визжат и барахтаются в мешках поросята, пока не докурены до ногтей цигарки из ядовитого зеленого самосада!

Чтобы узнать все колхозные – и не только колхозные – новости, чтобы наслушаться всяких мудрых и неожиданных сентенций и невероятных рассказов, надо пойти на заваленный сенной трухой щелястый паром и только посиживать там, покуривать да слушать, переправляясь с берега на берег.

Почти все паромщики – люди словоохотливые, острые на язык и бывалые. Особенно они любят поговорить к вечеру, когда народ перестает валандаться взад-вперед через реку, когда спокойно опускается солнце за крутояром – высоким берегом – и толчется в воздухе и зудит мошкара.

Тогда, сидя на лавочке около шалаша, можно деликатно взять загрубевшими от канатов пальцами папироску у залетного человека, который никуда не торопится, сказать, что, конечно, «легкий табак – одно баловство, не доходит он до нашего сердца», но все же с наслаждением закурить, прищуриться на реку и начать разговор.

Вообще вся шумная и разнообразная жизнь на речных

берегах, на пристанях (их зовут дебаркадерами, или «конторками»), около наплавных мостов-плашкоутов со множеством толкущегося там речного народа, с его особыми нравами и традициями, дает богатую пищу для изучения языка.

Особенно богаты в языковом отношении Волга и Ока. Мы не можем представить себе жизнь нашей страны без этих рек, как не можем представить ее без Москвы, без Кремля, без Пушкина и Толстого, Чайковского и Шаляпина, без Медного всадника в Ленинграде и Третьяковской галереи в Москве.

Языков, обладавший, по словам Пушкина, удивительным огнем языка, в одной из своих поэм великолепно описал Волгу и Оку. Особенно хорошо дана Ока.

Языков приносит в этой поэме поклон Рейну от великих русских рек, в том числе и от Оки:

> ...поемистой, дубравной,
> В раздолье муромских песков
> Текущей царственно, блистательно и славно
> В виду почтенных берегов.

Ну что ж, запомним «почтенные берега» и будем благодарны за это Языкову.

Не менее чем «природными» словами, богата наша страна местными речениями и диалектами.

Злоупотребление местными словами обычно говорит о незрелости и недостаточной художественной грамотности писателя. Слова берутся без разбору, мало понятные, а то и вовсе непонятные широкому читателю, берутся больше из щегольства, чем из желания придать живописную силу своей вещи.

Существует вершина – чистый и гибкий русский литературный язык. Обогащение его за счет местных слов требует строгого отбора и большого вкуса. Потому что есть немало мест в нашей стране, где в языке и произношении, наряду со словами – подлинными перлами, есть много слов корявых и фонетически неприятных.

Что касается произношения, то, пожалуй, больше всего режет слух произношение с выпадением гласных – все эти «быват» вместо «бывает», «понимат» вместо «понимает». И пресловутое слово «однако». Писатели, пишущие о Сибири и Дальнем Востоке, считают это слово священной принадлежностью речи почти всех своих героев.

Местное слово может обогатить язык, если оно образно, благозвучно и понятно.

Для того чтобы оно стало понятным, совсем не нужно ни скучных объяснений, ни сносок. Просто это слово должно быть поставлено в такой связи со всеми соседними словами, чтобы значение его было ясно читателю сразу, без авторских или редакторских ремарок.

Одно непонятное слово может разрушить для читателя самое образцовое построение прозы.

Нелепо было бы доказывать, что литература существует и действует лишь до тех пор, пока она понятна. Непонятная, темная или нарочито заумная литература нужна только ее автору, но никак не народу.

Чем прозрачнее воздух, тем ярче солнечный свет. Чем прозрачнее проза, тем совершеннее ее красота и тем сильнее она отзывается в человеческом сердце. Коротко и ясно эту мысль выразил Лев Толстой: «Простота есть необходимое условие прекрасного».

Из многих местных слов, которые я услышал, к примеру, во Владимирской и Рязанский областях, часть, конечно, непонятна и малоинтересна. Но попадаются слова превосходные по своей выразительности – например, старинное, до сих пор бытующее в этих областях слово «окоем» – горизонт.

На высоком берегу Оки, откуда открывается широкий горизонт, есть сельцо Окоемово. Из Окоемова, как говорят его жители, «видно половину России».

Горизонт – это все то, что может охватить наш глаз на земле, или, говоря по-старинному, все то, что «емлет око». Отсюда и происхождение слова «окоем».

Очень благозвучно и слово «Стожары», – так в этих областях (да и не только в них) народ называет Плеяды.

Это слово по созвучию вызывает представление о холодном небесном пожаре (Плеяды очень яркие, особенно осенью, когда они полыхают в темном небе действительно, как серебряный пожар).

Такие слова украсят и современный литературный язык, тогда как, например, рязанское слово «уходился» вместо «утонул» невыразительно, малопонятно и потому не имеет никакого права на жизнь в общенародном языке. Так же как и очень интересное в силу, своего архаизма слово «льзя» вместо «можно».

По рязанским деревням вы еще и теперь услышите примерно такие укоризненные возгласы:

— Эй, малый, да нешто льзя так баловаться! Совершенно даже нельзя.

Все эти слова — и окоем, и Стожары, и льзя, и глагол «сентябрит» (о первых осенних холодах) — я услышал в обыденной речи от старика с совершенно детской душой, истового труженика и бедняка, но не по бедности, а потому, что он довольствовался в своей, жизни самым малым, — от одинокого крестьянина села Солотчи, Рязанской области, Семена Васильевича Елесина. Он умер зимой 1954 года.

Дед Семен был чистейшим образцом русского характера — гордого, благородного и щедрого, несмотря на внешнюю скудость своей жизни.

Обо всем он говорил по-своему и так, что это запоминалось на всю жизнь. Он любил рассказывать о трактирах, где «мужики кипели до утра» в спорах, чаепитии и махорочном дыму. Колхозную чайную он долго не признавал, потому что там кормят «по квитанции» (по чеку). Это ему казалось диким: «Нашто она мне, эта квитанция! Я заплатил — значит давай мне закуску и все!»

У деда Семена была своя золотая и несбывшаяся мечта — стать столяром, но таким великим артистом-столяром, чтобы весь свет дивился на его волшебную работу.

Но пока что мечта эта сводилась к продолжительным и горячим спорам о том, как надо пригнать «заподлицо» оконный наличник или поправить сломанную ступеньку. Тут шла в ход такая замысловатая терминология, что запомнить ее было немыслимо.

Как человек озаряет те места, где он живет! Семен умер, и с тех пор эти места потеряли так много своей прелести, что трудно собраться с духом, чтобы поехать туда, где на песчаном кладбищенском бугре над рекой, среди плакучих ветел, лежит, говорят, на его могиле зернистый серый жернов.

В поисках слов нельзя пренебрегать ничем. Никогда не знаешь, где найдешь настоящее слово.

Изучая море, морское дело и язык моряков, я начал читать лоции — справочные книги для капитанов. В них были собраны все сведения о том или ином море: описание глубин, течений, ветров, берегов, портов, маячных огней, подводных скал, мелей и всего, что необходимо знать для благополучного плавания. Существуют лоции всех морей.

Первая лоция, попавшая мне в руки, была лоция Черного и Азовского морей. Я начал читать ее и был поражен великолепным ее языком, точным и неуловимо своеобразным.

Вскоре я узнал причину этого своеобразия: безыменные

лоции издавались с начала XIX века через равный промежуток лет, причем каждое поколение моряков вносило в них свои поправки. Поэтому вся картина изменения языка больше чем за сто лет с полной наглядностью отражена в лоции. Рядом с современным языком мирно существует язык наших прадедов и дедов.

По лоции можно судить, как резко изменились некоторые понятия. Например, о самом жестоком и разрушительном ветре – новороссийском норд-осте (боре) – в лоции говорится так:

«Во время норд-оста берега покрываются густою мрачностью».

Для наших прадедов «мрачность» означала черный туман, для нас она – наше душевное состояние.

Вся морская терминология, так же как и разговорный язык моряков, великолепна. Почти о каждом слове можно писать поэмы, начиная от «розы ветров» и кончая «гремящими сороковыми широтами» (это не поэтическая вольность, а наименование этих широт в морских документах).

А какая крылатая романтика живет во всех этих фрегатах и баркантинах, шхунах и клиперах, вантах и реях, кабестанах и адмиралтейских якорях, «собачьих» вахтах, звоне склянок и лагах, гуле машинных турбин, сиренах, кормовых флагах, полных штормах, тайфунах, туманах, ослепительных штилях, пловучих маяках, «приглубых» берегах и «обрубистых» мысах, узлах и кабельтовах – во всем том, что Александр Грин называл «живописным трудом мореплавания».

Язык моряков крепок, свеж, полон спокойного юмора. Он заслуживает отдельного исследования, так же как и язык людей многих других профессий.

Случай в магазине Альшванга

Зимой 1921 года я жил в Одессе, в бывшем магазине готового платья «Альшванг и компания». Я занял явочным порядком примерочную на втором этаже.

В моем распоряжении были три большие комнаты с зеркалами из бемского стекла. Зеркала так крепко были вмурованы в стены, что все попытки – и мои и поэта Эдуарда Багрицкого – выломать эти зеркала, чтобы обменять их на продукты на Новом базаре, ни к чему не привели. Ни одно зеркало даже не треснуло.

В примерочной не было никакой мебели, кроме трех пустых ящиков с гнилой стружкой. Хорошо еще, что стеклянная дверь легко снималась с петель. Каждый вечер я снимал ее, клал на два ящика и устраивал на этой двери свою постель.

Стеклянная дверь была очень скользкая, и потому по нескольку раз за ночь старый тюфяк сползал вместе со мной и сваливался на пол.

Как только тюфяк начинал двигаться, я тотчас просыпался и лежал не дыша, боясь пошевелить даже пальцем, глупо надеясь, что, может быть, тюфяк остановится. Но он сползал медленно и неумолимо, и моя хитрость не помогала.

Это было совсем не смешно. Зима стояла свирепая. Море замерзло от порта до Малого Фонтана. Жестокий норд-ост полировал гранитные мостовые. Снег ни разу не выпал, и от этого холод казался гораздо холоднее, чем если бы на улицах лежал снег.

В примерочной стояла маленькая жестяная печка-»буржуйка». Топить ее было нечем. Да и невозможно было согреть этой жалкой печуркой три огромные комнаты. Поэтому на «буржуйке» я только кипятил морковный чай. Для этого хватало нескольких старых газет.

На третьем ящике был устроен стол. На нем по вечерам я зажигал коптилку.

Я ложился, наваливал на себя все теплое, что у меня было, и читал при свете коптилки стихи Хозе Мария Эредиа в переводе Георгия Шенгели. Стихи эти были изданы в Одессе в этот голодный год, и я могу засвидетельствовать, что они не ослабили нашего мужества. Мы чувствовали себя стойкими, как римляне, и вспоминали стихи того же Шенгели: «Друзья, мы римляне. Мы истекаем кровью...»

Кровью мы, конечно, не истекали, но все же и нам, молодым и веселым людям, бывало иногда чересчур холодно и голодно. Но никто не роптал.

Внизу, в первом этаже магазина, развертывала суетливую и несколько подозрительную деятельность художественная артель. Во главе этого предприятия стоял старый ворчливый живописец, известный в Одессе под кличкой «Король вывесок».

Артель принимала заказы на вывески, шитье женских шапочек, изготовление «деревяшек» (женских туфель, производство которых отличалось античной простотой: к деревянной подошве приколачивалось несколько тесемок – и все!) и на рисование реклам для кино (их писали клеевыми красками на кривой фанере).

Но однажды мастерской повезло, и она получила заказ на так называемое «носовое украшение» для единственного в то время черноморского парохода «Пестель». Он собирался идти первым рейсом в Батум.

Сооружение это сделали из листового железа, а затем расписали по черному фону золотым растительным орнаментом.

Эта работа увлекла всех, и даже милиционер Жора Козловский отлучался иной раз с соседнего поста, чтобы посмотреть на нее.

Я работал тогда секретарем в газете «Моряк». В ней вообще работало много молодых писателей, в том числе Катаев, Багрицкий, Бабель, Олеша и Ильф. Из старых, опытных писателей часто заходил к нам в редакцию только Андрей Соболь– милый, всегда чем-нибудь взволнованный, неусидчивый человек.

Однажды Соболь принес в «Моряк» свой рассказ, раздерганный, спутанный, хотя и интересный по теме и, безусловно, талантливый.

Все прочли этот рассказ и смутились: печатать его в таком небрежном виде было нельзя. Предложить Соболю исправить его никто не решался. В этом отношении Соболь был неумолим – и не столько из-за авторского самолюбия (его-то как раз у Соболя почти не было), сколько из-за нервозности: он не мог возвращаться к написанным своим вещам и терял к ним интерес.

Мы сидели и думали: что делать? Сидел с нами и наш корректор, старик Благов, бывший директор самой распространенной в России газеты «Русское слово», правая рука знаменитого издателя Сытина.

Это был неразговорчивый человек, напуганный своим прошлым. Всей своей солидной фигурой он совершенно не вязался с оборванной и шумной молодежью нашей редакции.

Я забрал рукопись Соболя с собой в магазин Альшванга, чтобы прочесть ее еще раз.

Поздним вечером (было не больше десяти часов, но город, погруженный в темноту, пустел уже в сумерки, и только ветер злорадно выл на перекрестках) милиционер Жора Козловский постучал в дверь магазина.

Я туго свернул жгут из газеты, зажег его и пошел с ним, как с факелом, открывать тяжелую магазинную дверь, заткнутую ржавым куском газовой трубы. Коптилку брать с собой было нельзя – она гасла не только от самого слабого колебания воздуха, но даже от пристального взгляда.

Стоило, задумавшись, уставиться на нее, как она тотчас начинала жалобно потрескивать, моргать и тихо гасла. Поэтому я даже избегал смотреть на нее.

– К вам гражданин просится, – сказал Жора. – Удостоверьте его личность, тогда я его впущу. Тут мастерские. Одних красок, говорят, на триста миллионов рублей.

Конечно, если принять во внимание, что я, например, получал в «Моряке» миллион рублей в месяц (по базарным ценам их хватало на сорок коробков спичек), то эта сумма была не такой уж баснословной, как думал Жора.

За дверью стоял Благов. Я удостоверил его личность. Жора впустил его в магазин и сказал, что часа через два он придет к нам погреться и попить кипятку.

– Вот что, – сказал Благов. – Я все думаю об этом рассказе Соболя. Талантливая вещь. Нельзя, чтобы она пропала. У меня, знаете, как у старого газетного коня, привычка не выпускать из рук хорошие рассказы.

– Что же поделаешь! – ответил я.

– Дайте мне рукопись. Клянусь честью, я не изменю в ней ни слова. Я останусь здесь, потому что возвращаться домой, на Ланжерон, невозможно – наверняка разденут. И при вас я пройдусь по рукописи.

– Что значит «пройдусь»? – спросил я. – «Пройтись» – это значит выправить.

– Я же вам сказал, что не выброшу и не впишу ни одного слова.

– А что же вы сделаете?

– А вот увидите.

В словах Благова я почувствовал нечто загадочное. Какая-то тайна вошла в эту зимнюю штормовую ночь в магазин

90

Альшванга вместе с этим спокойным человеком. Надо было узнать эту тайну, и поэтому я согласился.

Благов вынул из кармана огарок необыкновенно толстой церковной свечи. Золотые полоски вились по ней спиралью. Он зажег этот огарок, поставил его на ящик, сел на мой потрепанный чемодан и склонился над рукописью с плоским плотницким карандашом в руке.

Среди ночи пришел Жора Козловский. Я как раз вскипятил воду и заваривал чай, но на этот раз не из сушеной моркови, а из мелко нарезанных и поджаренных кусочков свеклы.

– Поимейте в виду, – сказал Жора, – что издали вы похожи на вылитых фальшивомонетчиков. Чего это вы тут делаете?

– Исправляем рассказ, – ответил я. – Для очередного номера.

– Поимейте в виду, – снова сказал Жора, – что не каждый работник милиции поймет, чем вы занимаетесь. Благодарите бога, которого, конечно, нет, что тут я стою на посту, а не какой-нибудь другой тютя. Для меня культура выше всего. А что касается фальшивомонетчиков, то это такие артисты, что из одного и того же куска навоза сделают доллары и удостоверение на право жительства. В музее Лувр в Париже лежит, говорят, на черной бархатной подушке мраморная рука неописуемой красоты. Так то не рука Сары Бернар, Шопена или Веры Холодной. То слепок с руки самого знаменитого фальшивомонетчика в Европе. Забыл, как его звали. В свое время ему отрубили голову, а руку выставили, как будто он был скрипач-виртуоз. Поучительная история?

– Не очень, – ответил я. – У вас есть сахарин?

– Есть, – ответил Жора. – В таблетках. Могу поделиться.

Благов кончил работу над рукописью только к утру. Мне он рукописи не показал, пока мы не пришли в редакцию и машинистка не переписала ее начисто.

Я прочел рассказ и онемел. Это была прозрачная, литая проза. Все стало выпуклым, ясным. От прежней скомканности и словесного разброда не осталось и тени. При этом действительно не было выброшено или прибавлено ни одного слова.

Я посмотрел на Благова. Он курил толстую папиросу из черного, как чай, кубанского табака и усмехался.

– Это чудо! – сказал я. – Как вы это сделали?

– Да просто расставил правильно все знаки препинания. У Соболя с ними форменный кавардак. Особенно тщательно я расставил точки. И абзацы. Это великая вещь, милый мой. Еще Пушкин говорил о знаках препинания. Они существуют, чтобы выделить мысль, привести слова в правильное соотношение и дать фразе легкость и правильное звучание. Знаки препинания – это как нотные знаки. Они твердо держат текст и не дают ему рассыпаться.

Рассказ был напечатан. А на следующий день в редакцию ворвался Соболь. Он был, как всегда, без кепки, волосы его были растрепаны, а глаза горели непонятным огнем.

– Кто трогал мой рассказ? – закричал он неслыханным голосом и с размаху ударил палкой по столу, где лежали комплекты газет. Пыль, как извержение, взлетела над столом.

– Никто не трогал, – ответил я. – Можете проверить текст.

– Ложь! – крикнул Соболь. – Брехня! Я все равно узнаю, кто трогал!

Запахло скандалом. Робкие сотрудники начали быстро исчезать из комнаты. Но, как всегда, на шум примчались, стуча «деревяшками», обе наши машинистки – Люсьена и Люся.

Тогда Благов сказал спокойным и даже унылым голосом:

– Если вы считаете, что правильно расставить в вашем рассказе знаки препинания – это значит тронуть его, то извольте: трогал его я. По своей обязанности корректора.

Соболь бросился к Благову, схватил его за руки, крепко потряс их, потом обнял старика и троекратно, по-московски, поцеловал его.

– Спасибо! – сказал взволнованно Соболь. – Вы дали мне чудесный урок. Но только жалко, что так поздно. Я чувствую себя преступником по отношению к своим прежним вещам.

Вечером Соболь достал где-то полбутылки коньяка и принес в магазин Альшванга. Мы позвали Благова, пришли Багрицкий и Жора Козловский, сменившийся с поста, и мы выпили коньяк во славу литературы и знаков препинания.

После этого я окончательно убедился, с какой поразительной силой действует на читателя точка, поставленная вовремя.

Как будто пустяки

Почти у каждого из писателей есть свой вдохновитель, свой добрый гений, обыкновенно тоже писатель.

Стоит прочесть хотя бы несколько строк из книги такого вдохновителя – и тотчас же захочется писать самому. Как будто бродильный сок брызжет из некоторых книг, опьяняет нас, заражает и заставляет браться за перо.

Удивительно, что чаще всего такой писатель, добрый гений, бывает далек от нас по характеру своего творчества, по манере и по темам.

Я знаю одного писателя – крепкого реалиста, бытовика, человека трезвого и спокойного. Для него таким добрым гением является безудержный фантаст Александр Грин.

Гайдар называл своим вдохновителем Диккенса. Что касается меня, то любая страница из «Писем из Рима» Стендаля вызывает желание писать, причем я пишу вещи, настолько далекие от прозы Стендаля, что это удивляет даже меня самого. Однажды осенью, читая Стендаля, я написал рассказ «Кордон 273» – о заповедных лесах на реке Пре. Ничего общего со Стендалем в этом рассказе найти совершенно нельзя.

Признаться, я не задумывался над этим случаем. Очевидно, и для него можно найти объяснение. Упомянул я об этом лишь для того, чтобы поговорить о множестве незначительных на первый взгляд обстоятельств и навыков, помогающих писателям работать.

Всем известно, что Пушкин лучше всего писал осенью. Недаром «Болдинская осень» стала синонимом поразительной плодовитости.

«Осень подходит, – писал Пушкин Плетневу. – Это – любимое мое время – здоровье мое обыкновенно крепнет – пора моих литературных трудов настает».

Догадаться, в чем тут дело, пожалуй, легко.

Осень – это прозрачность и холод, «прощальная краса» с ее четкостью далей и свежим дыханием. Осень вносит в природу скупой рисунок. Багрец и золото лесов и рощ редеют с каждым часом, усиливая резкость линий, оставляя обнаженные ветви.

Глаз привыкает к ясности осеннего пейзажа. Эта ясность постепенно завладевает сознанием, воображением, рукой писателя. Ключ поэзии и прозы бьет чистой ледяной водой, в ней изредка лишь позванивают льдинки. Голова свежа, сердце стучит сильно и ровно. Только немного зябнут пальцы.

К осени созревает урожай человеческих дум. Об этом хорошо сказал Баратынский: «И спеет жатва дорогая, и в зернах дум ее сбираешь ты, судеб людских достигнув полноты».

Пушкин, по его словам, каждой осенью расцветал вновь. Каждую осень он молодел. Очевидно, прав был Гёте, когда утверждал, что у гениев на протяжении жизни бывает несколько возвратов юности.

В один из таких осенних дней Пушкин написал стихи, выражающие необычайно наглядно сложный творческий процесс поэта:

И забываю мир – и в сладкой тишине
Я сладко усыплен моим воображеньем.
И пробуждается поэзия во мне:
Душа стесняется лирическим волненьем,
Трепещет, и звучит, и ищет, как во сне,
Излиться наконец свободным проявленьем –
И тут ко мне идет незримый рой гостей,
Знакомцы давние, плоды мечты моей.
И мысли в голове волнуются в отваге,
И рифмы легкие навстречу им бегут.
И пальцы просятся к перу, перо – к бумаге.
Минута – и стихи свободно потекут...

Это поразительный анализ творчества. Его можно было создать только в порыве высокого душевного подъема.

У Пушкина была еще одна особенность. Те места в своих вещах, которые ему не давались, он просто пропускал, никогда на них не задерживался и продолжал писать дальше. Потом он возвращался к пропущенным местам, но лишь тогда, когда у него бывал тот душевный подъем, который он называл вдохновением. Он никогда не старался вызвать его насильственно.

Я видел, как работал Гайдар. Это было совсем не похоже на то, как обычно работают писатели.

Мы жили тогда в Мещерских лесах, в деревне. Гайдар поселился в большом доме, выходившем на сельскую улицу, а я – в бывшей баньке, в глубине сада.

В то время Гайдар писал «Судьбу барабанщика». Мы сговорились честно работать с утра до обеда и не соблазнять в это время друг друга рыбной ловлей.

Однажды я писал в баньке около открытого окна. Не успел я написать и четверти страницы, как из большого дома вышел

94

Гайдар и прошел мимо моего окна с совершенно независимым и равнодушным видом.

Я притворился, что не замечаю его. Гайдар походил по саду, что-то ворча про себя, потом опять прошел мимо окна, но теперь уже явно стараясь задеть меня. Он насвистывал и притворно кашлял.

Я молчал. Тогда Гайдар прошел мимо в третий раз и посмотрел на меня с раздражением. Я все молчал.

Гайдар не выдержал.

– Слушай, – сказал он, – не валяй дурака! Все равно ты пишешь так быстро, что тебе ничего не стоит оторваться. Подумаешь, какой Боборыкин! Если бы я так писал, то у меня уже было бы полное собрание сочинений в ста восемнадцати томах.

Ему очень понравилась эта цифра. Он с удовольствием повторил:

– В ста восемнадцати томах! Ни томом меньше!

– Ну, – сказал я, – выкладывай: что тебе нужно?

– А мне нужно, чтобы ты послушал, какую я чудную фразу придумал.

– Какую?

– Вот, слушай: «Пострадал, старик, пострадал!» – говорили пассажиры». Хорошо?

– Откуда я знаю! – ответил я. – Смотря по тому, где она стоит и к чему относится.

Гайдар рассвирепел.

– «К чему относится», «к чему относится»! – передразнил он меня. – К тому, к чему надо, к тому и относится! Ну, черт с тобой! Сиди, выписывай свои сочинения. А я пойду запишу эту фразу.

Но он долго не выдержал. Через двадцать минут он опять начал ходить у меня под окном.

– Ну, какую еще гениальную фразу ты придумал? – спросил я.

– Слушай, – сказал Гайдар, – раньше я только смутно подозревал, что ты размагниченный интеллигент и насмешник. А теперь я в этом убедился. И притом – с горечью.

– Иди ты, знаешь, куда! – сказал я. – Честью прошу, не мешай!

– Подумаешь, какой Лажечников! – сказал Гайдар, но все-таки ушел.

Через пять минут он возвратился и еще издали прокричал мне новую фразу. Она, правда, была неожиданной и хорошей. Я похвалил ее. Гайдару только этого было и надо.

95

– Вот! – сказал он. – Теперь я к тебе больше не приду. Никогда! Как-нибудь напишу и без твоей помощи.

И вдруг он добавил на ужасающем французском языке:

– О ревуар, месье лэкривен рюс советик!

Он очень увлекался в то время французским языком и только что начал его изучать.

Гайдар возвращался еще несколько раз в сад, но мне не мешал, а ходил по дальней дорожке и что-то бормотал про себя.

Так он работал – придумывал на ходу фразы, потом записывал их, потом опять придумывал. Весь день он ходил из дома в сад. Я удивлялся и был уверен, что повесть у Гайдара едва-едва движется. Но потом оказалось, что он хитрил и записывал гораздо больше, чем по одной фразе.

Недели через две он окончил «Судьбу барабанщика», пришел ко мне в баньку веселый, довольный и спросил:

– Хочешь, я прочту тебе повесть?

Я, конечно, очень хотел послушать ее.

– Так вот, слушай! – сказал Гайдар, остановился посреди комнаты и засунул руки в карманы.

– Где же рукопись? – спросил я.

– Только никудышные дирижеры, – наставительно ответил Гайдар, – кладут перед собой на пюпитр партитуру. Зачем мне рукопись! Она отдыхает на столе. Ты будешь слушать или нет?

И он прочел мне повесть наизусть, от первой до последней строчки.

– Ты где-нибудь чего-нибудь все-таки здорово напутал, – сказал я с сомнением.

– На пари! – крикнул Гайдар. – Не больше десяти ошибок! Если ты проиграешь, то завтра же поедешь в Рязань и купишь мне на барахолке старинный барометр. Я его присмотрел. У той старухи – помнишь? – которая во время дождя надевает на голову абажур. Сейчас я принесу рукопись.

Он принес рукопись и второй раз прочел повесть. Я следил по рукописи. Только в нескольких местах он ошибся, да и то незначительно. Из-за этого у нас несколько дней шла распря, – выиграл ли Гайдар пари или нет. Но это уже не имеет прямого отношения к рассказу.

В общем я купил, к великой радости Гайдара, барометр. Мы решили вести по этому медному и громоздкому сооружению свою рыболовную жизнь, но сразу же попали в дурацкое положение и промокли до костей, когда барометр предсказал «великую сушь», а на самом деле три дня лил дождь.

То было чудесное время непрерывных шуток, «розыгрышей», споров о литературе и рыбной ловли по озерам и старицам. Все это каким-то неуловимым образом помогало нам писать.

Мне пришлось быть при том, когда Федин начал писать свой роман «Необыкновенное лето».

Да простит меня Федин, что я решаюсь писать об этом. Но мне кажется, что манера работы каждого писателя, особенно такого мастера, как Федин, интересна и полезна не только для писателей, но и для всех людей, любящих литературу.

Жили мы в Гаграх, в небольшом доме на самом берегу моря. Дом этот, похожий на дореволюционные дешевые «меблирашки», представлял из себя порядочную трущобу.

Во время бурь он трясся от ветра и ударов волн, скрипел, трещал и, казалось, разваливался на глазах. От сквозняков двери с вырванными замками сами по себе медленно и зловеще отворялись и, постояв неподвижно несколько секунд и подумав, вдруг захлопывались с таким звоном, что с потолка сыпалась штукатурка.

Все бродячие псы из Новых и Старых Гагр ночевали под террасой этого дома. Иногда, пользуясь временным отсутствием хозяев, они залезали в комнаты, ложились на кровати и мирно похрапывали.

Входить в свою комнату надо было с опаской, независимо от характера пса, захватившего вашу кровать. Пес совестливый и робкий вскакивал и с отчаянным визгом бросался вон. Если вы попадались ему под ноги, то он со страха мог вас укусить.

Если же пес попадался нахальный и опытный, то он, лежа на кровати и следя за вами ненавидящим глазом, начинал так страшно рычать, что приходилось вызывать на подмогу соседей.

Окно из комнаты Федина выходило на террасу над морем. Во время штормов плетеные кресла с террасы сваливали в кучу около этого окна, чтобы они не намокали от брызг. На этой куче кресел всегда сидели собаки и смотрели сверху на Федина, писавшего за столом. Псы подвывали от желания попасть в его освещенную и теплую комнату.

Сначала Федин жаловался, что псы его просто бросают в дрожь. Стоило ему оторваться от рукописи и, задумавшись, посмотреть на окно, как десятки горящих ненавистью собачьих глаз впивались в него. Он чувствовал от этого даже некоторую неловкость, как будто был виноват, что живет в тепле и занимается явно бессмысленным делом, водя пером по бумаге.

Это, конечно, в какой-то мере мешало Федину работать, но он скоро привык и перестал считаться с собаками.

Большинство писателей пишут по утрам, некоторые пишут и днем и очень немногие – ночью.

Федин мог работать и зачастую работал в любой час суток. Лишь изредка он отрывался, чтобы передохнуть.

Он писал по ночам под немолчный гул моря. Этот привычный шум не только не мешал, но даже помогал ему. Мешала, наоборот, тишина.

Однажды поздней ночью Федин разбудил меня и взволнованно сказал:

– Ты знаешь, море молчит. Пойдем послушаем на террасу.

Глубокая, казалось, мировая тишина остановилась над берегом. Мы затихли, чтобы уловить в темноте хотя бы слабый плеск волны, но ничего не могли услышать, кроме звона в ушах. Это звенела наша кровь. В высокой, тоже какой-то всемирной мгле тускло светили звезды. Мы, привыкшие к беспредельному морскому шуму, были даже подавлены этой тишиной. Федин в ту ночь не работал.

Все это – рассказ о непривычной для него обстановке, в какой ему пришлось работать. Мне думается, что эта простота и неустроенность жизни напомнили ему молодость, когда мы могли писать на подоконнике, при свете коптилки, в комнате, где замерзали чернила, – при любых условиях.

Невольно наблюдая за Фединым, я узнал, что он садился писать только в том случае, если очередная глава была строго обдумана, выверена, обогащена размышлениями и воспоминаниями, если она складывалась в сознании вплоть до отдельных фраз.

Федин, перед тем как писать, очень пристально всматривался в эту свою будущую вещь, всматривался под разными углами и писал только то, что ясно видел, и притом в законченной связи с целым.

Ясный, твердый ум и строгий глаз Федина не могли мириться с зыбкостью замысла и воплощения. Проза должна быть, по его мнению, отработана до безошибочности и закалена до алмазной крепости.

Флобер провел всю жизнь в мучительной погоне за совершенством слога. В своем стремлении к кристальности прозы он не мог остановиться, правка рукописей стала для него в некоторых случаях не дорогой к совершенствованию прозы, а самоцелью. Он терял способность оценки, уставал, приходил в отчаяние и явно сушил и мертвил свои вещи, или, как говорил Гоголь, «рисовал, рисовал, да и зарисовывался».

Федип опаст, где остановиться во время выработки прозы. Критик никогда в нем не устает, но и не подавляет писателя.

У Флобера в высокой степени было выражено то свойство писателя, которое теоретики литературы называют «персонификацией», а говоря проще – способностью перевоплощаться в своих героев с такой силой, что все происходящее с героем (по воле писателя) переживается самим писателем необыкновенно болезненно.

Известно, что, описывая смерть Эммы Бовари от яда, Флобер почувствовал все признаки отравления и ему пришлось прибегнуть к помощи врача.

Флобер был мучеником. Он писал так медленно, что с отчаянием говорил: «Стоит самому себе набить морду за такую работу».

Жил он в Круассе, на берегу Сены, около Руана. Окна его кабинета выходили на реку.

Всю ночь в кабинете Флобера, заставленном экзотическими вещами, горела лампа с зеленым абажуром. Флобер работал по ночам. Лампа гасла только на рассвете.

Ее свет был постоянен, как огонь маяка. И действительно, в темные ночи флоберовское окно стало служить маяком для рыбаков на Сене и даже для капитанов морских пароходов, подымавшихся по реке из Гавра в Руан. Капитаны знали, что на этом участке реки надо было, чтобы не сбиться с фарватера, «держать на окно господина Флобера».

Изредка они видели плотного человека в пестром восточном халате. Он подходил к окну, прижимался к нему лбом и смотрел на Сену. Это была поза уставшего вконец человека. Но вряд ли моряки знали, что за окном стоит великий писатель Франции, измученный борьбой за совершенство прозы, этой «проклятой жидкости, которая никак не хочет принять необходимую форму».

Для Бальзака все его герои были живыми и близкими людьми. Он то хрипел от ярости, обзывая их негодяями и дураками, то посмеивался и одобрительно похлопывал по плечу, то неуклюже утешал их в несчастье.

Вера в существование своих героев и в непреложность того, что он о них написал, была у Бальзака поистине фантастическая. Об этом свидетельствует любопытный случай из его жизни.

В одном из рассказов Бальзака есть молодая монахиня (имя ее я не помню, но предположим, что звали ее Жанной). Настоятельница монастыря послала кроткую Жанну в Париж по каким-то монастырским делам. Молодая монахиня была потрясена блестящей, суетной, ослепительной жизнью столицы. В свете газовых рожков она часами рассматривала неслыханные богатства в витринах магазинов. Она видела женщин в тончайших и душистых платьях. Эти платья как бы раздевали этих красавиц и подчеркивали всю прелесть их тонких спин, высоких ног, маленьких острых грудей.

Она слышала странные, опьяняющие слова признаний, намеков, вкрадчивый шепот мужчин. Она была молода и красива. Ее преследовали на улицах. Ей говорили такие же странные слова. У нее дико колотилось сердце. Первый поцелуй, вырванный у нее силой в густой тени платана в каком-то саду, был оглушителен, как гром, и лишил ее рассудка.

Она осталась в Париже. Она истратила все монастырские деньги на то, чтобы превратиться в обольстительную парижанку.

Через месяц она пошла на панель.

В этом рассказе Бальзак упомянул название одного из существовавших в то время женских монастырей. Книга Бальзака попала к его настоятельнице. В монастыре как раз была молоденькая монахиня Жанна. Настоятельница вызвала ее к себе и грозно спросила:

— Вы знаете, что пишет о вас господин Бальзак?! Он опозорил вас! Он очернил нашу обитель. Он клеветник и богохульник. Читайте!

Девушка прочла рассказ и разрыдалась.

— Немедленно! — сказала громовым голосом настоятельница. — Немедленно собирайтесь, поезжайте в Париж, разыщите там господина Бальзака и потребуйте, чтобы он сообщил всей Франции, что это клевета и что он унизил чистую девушку, никогда даже не бывавшую в Париже. Он оскорбил монастырь и всю нашу паству. Пусть он покается в этом своем безумном грехе. Вы должны добиться этого. В противном случае лучше не возвращайтесь.

Жанна уехала в Париж. Она отыскала Бальзака и с трудом добилась, чтобы он принял ее.

Бальзак сидел в старом халате, задыхающийся, как боров. Дым табака наполнял его комнату. Стол был завален горами торопливо исписанных листов бумаги.

Бальзак хмурился. Ему было некогда – жизнь заранее была рассчитана так, чтобы успеть написать не меньше пятидесяти романов. Но глаза Бальзака остро блестели. Он не спускал их с Жанны.

Жанна потупилась, покраснела и, призывая на помощь имя

божье, рассказала господину Бальзаку всю историю в монастыре и попросила снять с нее позорную тень, которую господин Бальзак неизвестно зачем бросил на ее целомудрие и святость.

Бальзак явно не понимал, чего от него хочет эта красивая и нежная монахиня.

– Какую позорную тень? – спросил он. – Все, что я пишу, всегда святая правда.

Жанна повторила свою просьбу и тихо добавила:

– Сжальтесь надо мной, господин Бальзак. Если вы не захотите помочь мне, то я не знаю, что делать.

Бальзак вскочил. Глаза его гневно сверкнули.

– Как?! – закричал он. – Вы не знаете, что делать? У меня же совершенно ясно написано все, что случилось с вами! Совершенно ясно! Какие же могут быть сомнения?

– Неужели вы хотите сказать, чтобы я осталась в Париже?– спросила Жанна.

– Да! – закричал Бальзак. – Да, черт возьми!

– И вы хотите, чтобы я...

– Нет, черт возьми! – снова закричал Бальзак. – Я только хочу, чтобы вы сняли этот черный балахон. Чтобы ваше молодое тело, прекрасное, как живой жемчуг, узнало, что такое радость и любовь. Чтобы вы научились смеяться. Идите же! Идите! Но не на панель!

Бальзак схватил Жанну за руку и потащил к выходной двери.

– У меня ведь все там написано, – говорил он. – Идите! Вы очень милы, Жанна, но из-за вас я уже потерял три страницы текста. И какого текста!

Жанна не могла вернуться в монастырь, так как господин Бальзак не снял с нее позорного пятна. Она осталась в Париже. Говорят, что через год ее видели среди молодежи в студенческом кабачке, который назывался «Серебряный вьюк». Она была весела, счастлива и прелестна.

Сколько писателей – столько же и навыков работы.

В том деревенском доме под Рязанью, о котором я уже упоминал, я нашел письма нашего известного гравера Иордана к граверу Пожалостину (об этих письмах я тоже упоминал).

В одном из писем Иордан пишет, что он потратил два года на то, чтобы выгравировать копию одной из итальянских картин. Работая, он все время ходил вокруг стола с гравировальной доской и протер в кирпичном полу заметный след.

«Я уставал, – пишет Иордан. – Но я все-таки ходил,

101

двигался. Как же должен был уставать Николай Васильевич Гоголь, привыкший писать стоя за конторкой! Вот уж истинно мученик своего дела».

Лев Толстой работал только по утрам. Он говорил, что в каждом писателе сидит и свой собственный критик. Злее всего этот критик бывает по утрам, а ночью он спит, и потому по ночам писатель всецело предоставлен самому себе, работает без острастки и пишет много дурного и лишнего. Толстой ссылался при этом на Руссо и Диккенса, работавших только по утрам, и считал, что Достоевский и Байрон, любившие работать ночью, грешили этим против своего таланта.

Тягость писательской работы Достоевского была, конечно, не только в том, что он работал по ночам и при этом беспрерывно пил чай. Это, в конце концов, не так уж сильно отражалось на качестве его работы.

Тягость была в том, что Достоевский не выходил из безденежья и долгов и потому вынужден был писать очень много и всегда наспех.

Он садился писать, когда времени оставалось в самый обрез. Ни одну из своих вещей он не написал спокойно, в полную силу. Он комкал свои романы (не по количеству написанных страниц, а по широте повествования). Поэтому они выходили у него хуже, чем могли бы быть, чем были задуманы. «Гораздо лучше мечтать о романе, чем писать его», – говорил Достоевский.

Он всегда старался подольше жить со своим ненаписанным романом, все время изменяя и обогащая его. Поэтому он всеми силами оттягивал писание, – ведь каждый день и час могла родиться новая идея, а ее задним числом в роман, конечно, не вставишь.

Долги заставляли его делать это, хотя он часто сознавал, садясь писать, что роман еще не дозрел. Сколько мыслей, образов, подробностей пропадало зря только потому, что они пришли в голову слишком поздно, когда роман или был уже окончен, или, по его мнению, непоправимо испорчен!

«От бедности, – говорил о себе Достоевский, – я принужден торопиться и писать для дела, следовательно – непременно портить».

Чехов в молодости мог писать на подоконнике в тесной и шумной московской квартире. А рассказ «Егерь» он написал в купальне. Но с годами эта легкость в работе исчезла.

Лермонтов писал свои стихи на чем попало. Все кажется, что они сразу слагались у него в сознании, пели у него в душе и он потом только наспех записывал их без поправок.

102

Алексей Толстой мог писать, если перед ним лежала стопа чистой, хорошей бумаги. Он признавался, что, садясь за письменный стол, часто не знал, о чем он будет писать. У него в голове была одна какая-нибудь живописная подробность. Он начинал с нее, и она постепенно вытаскивала за собой, как за волшебную нитку, все повествование.

Рабочее состояние, вдохновение Толстой называл по-своему – накатом. «Если накатит, – говорил он, – то я пишу быстро. Ну, а если не накатит, тогда надо бросать».

Конечно, Толстой был в значительной степени импровизатором. Мысль у него опережала руку.

Все писатели, должно быть, знают то замечательное состояние во время работы, когда новая мысль или картина появляются внезапно, как бы прорываются, как вспышки, на поверхность из глубины сознания. Если их тут же не записать, то они могут так же бесследно исчезнуть.

В них свет, трепет, но они непрочны, как сны. Те сны, которые мы помним только какую-то долю секунды после пробуждения, но тут же забываем. Сколько бы мы ни мучились и ни старались вспомнить их потом, это не удается. От этих снов сохраняется только ощущение чего-то необыкновенного, загадочного, чего-то «дивного», как сказал бы Гоголь.

Надо успеть записать. Малейшая задержка – и мысль, блеснув, исчезнет.

Может быть, поэтому многие писатели не могут писать на узких полосках бумаги, на гранках, как это делают журналисты. Нельзя слишком часто отрывать руку от бумаги, потому что даже эта ничтожная задержка на какую-то долю секунды может быть гибельной. Очевидно, работа сознания совершается с фантастической быстротой.

Французский поэт Беранже мог писать свои песенки в дешевых кафе. И Эренбург, насколько я знаю, тоже любил писать в кафе. Это понятно. Потому что нет лучшего одиночества, как среди оживленной толпы, если, конечно, никто непосредственно тебя не отрывает от мыслей и не покушается на твою сосредоточенность.

Андерсен любил придумывать свои сказки в лесах. У него было хорошее, почти микроскопическое зрение. Поэтому он мог рассматривать кусок коры или старую сосновую шишку и увидеть на них, как сквозь увеличительную линзу, такие подробности, из которых легко можно составить сказку.

Вообще все в лесу – каждый замшелый пень и каждый рыжий муравей-разбойник, который тащит, как похищенную прелестную принцессу, маленькую мошку с прозрачными зелеными крылышками, – все это может обернуться сказкой.

Мне не хотелось бы говорить о своем литературном опыте. Это вряд ли прибавит что-либо существенное к тому, что уже сказано. Но все же несколько слов я считаю нужным сказать.

Если мы хотим добиться наивысшего расцвета нашей литературы, то надо понять, что самая плодотворная форма общественной деятельности писателя – это его творческая работа. Скрытая от всех работа писателя до выхода книги превращается после ее выхода в общечеловеческое дело.

Нужно беречь время, силы и талант писателей, а не разменивать их на изнурительную окололитературную возню и заседания.

Писателю, когда он работает, нужны спокойствие и по возможности отсутствие забот. Если впереди ждет какая-нибудь, даже отдаленная неприятность, то лучше не браться за рукопись. Перо будет валиться из рук или из-под него поползут вымученные пустые слова.

Я несколько раз в своей жизни работал с легким сердцем, сосредоточенно и неторопливо.

Однажды я плыл зимой на совершенно пустом теплоходе из Батума в Одессу. Море было серое, холодное, тихое. Берега тонули в пепельной мгле. Тяжелые тучи, будто в летаргическом сне, лежали на хребтах отдаленных гор.

Я писал в каюте, иногда вставал, подходил к иллюминатору, смотрел на берега. Тихо пели в железной утробе теплохода могучие машины. Пищали чайки. Писать было легко. Никто не мог оторвать меня от любимых мыслей. Ни о чем, совершенно ни о чем не надо было думать, кроме как о рассказе, который я писал. Я ощущал это как величайшее счастье. Открытое море защищало меня от всяких помех.

И еще очень помогало работать сознание движения в пространстве, смутное ожидание портовых городов, куда мы должны были заходить, может быть, каких-то неутомительных и коротких встреч.

Теплоход резал стальным форштевнем бледную зимнюю воду, и мне казалось, что он несет меня к неизбежному счастью. Так мне казалось, очевидно, потому, что удавался рассказ.

И еще я помню, как легко было работать в мезонине деревенского дома, осенью, в одиночестве, под потрескиванье свечи.

Темная и безветренная сентябрьская ночь окружала меня и так же, как море, защищала от всяких помех.

Трудно сказать, почему, но очень помогало писать

сознание, что за стеной всю ночь напролет облетает старый деревенский сад. Я думал о нем, как о живом существе. Он был молчалив и терпеливо ждал того времени, когда я пойду поздним вечером к колодцу за водой для чайника. Может быть, ему было легче переносить эту бесконечную ночь, когда он слышал бренчанье ведра и шаги человека.

Но во всяком случае ощущение одинокого сада и холодных лесов, тянущихся за околицей на десятки километров, лесных озер, где в такую ночь, конечно, не может быть и нет ни единой человеческой души, а только звезды отражаются в воде, как отражались сто и тысячу лет назад, – это ощущение помогало мне. Пожалуй, я могу сказать, что в эти осенние вечера я был действительно счастлив.

Хорошо писать, когда впереди тебя ждет что-нибудь интересное, радостное, любимое, даже такой пустяк, как рыбная ловля под черными ивами на отдаленной старице реки.

Старик в станционном буфете

Худой старик с колючей щетиной на лице сидел в углу станционного буфета в Майори. Над Рижским заливом свистящими полосами проносились зимние шквалы. У берегов стоял толстый лед. Сквозь снежный дым было слышно, как грохочет прибой, налетая на крепкую ледяную закраину.

Старик зашел в буфет, очевидно, погреться. Он ничего не заказывал и понуро сидел на деревянном диване, засунув руки в рукава неумело заплатанной рыбачьей куртки.

Вместе со стариком пришла белая мохнатая собачка. Она сидела, прижавшись к его ноге, и дрожала.

Рядом за столиком шумно пили пиво молодые люди с тугими, красными затылками. Снег таял у них на шляпах. Талая вода капала в стаканы с пивом и на бутерброды с копченой колбасой. Но молодые люди спорили о футбольном матче и не обращали на это внимания.

Когда один из молодых людей взял бутерброд и откусил сразу половину, собачка не выдержала. Она подошла к столику, стала на задние лапы и, заискивая, начала смотреть в рот молодому человеку.

– Пети! – тихо позвал старик. – Как же тебе не стыдно! Зачем ты беспокоишь людей, Пети?

Но Пети продолжала стоять, и только передние лапы у нее все время дрожали и опускались от усталости. Когда они касались мокрого живота, собачка спохватывалась и подымала их снова.

Но молодые люди не замечали ее. Они были увлечены разговором и то и дело подливали себе в стаканы холодное пиво.

Снег залеплял окна, и дрожь пробегала по спине при виде людей, пьющих в такую стужу совершенно ледяное пиво.

– Пети! – снова позвал старик. – А Пети! Ступай сюда!

Собачка несколько раз быстро мотнула хвостом, как бы давая понять старику, что она его слышит и извиняется, но ничего с собой поделать не может. На старика она не взглянула и даже отвела глаза совсем в другую сторону. Она как бы говорила: «Я сама знаю, что это нехорошо. Но ты же не можешь купить мне такой бутерброд».

– Эх, Пети, Пети! – шепотом сказал старик, и голос его чуть дрогнул от огорчения.

Пети снова вильнула хвостом и вскользь, умоляюще

посмотрела на старика. Она как бы просила его больше ее не звать и не стыдить, потому что у нее самой нехорошо на душе и она, если бы не крайность, никогда бы, конечно, не стала просить у чужих людей.

Наконец один из молодых людей, скуластый, в зеленой шляпе, заметил собаку.

– Просишь, стерва? – спросил он. – А где твой хозяин?

Пети радостно вильнула хвостом, взглянула на старика и даже чуть взвизгнула.

– Что же это вы, гражданин! – сказал молодой человек. – Раз собаку держите, так должны кормить. А то некультурно получается. Собака у вас милостыню выпрашивает. Нищенство у нас запрещено законом.

Молодые люди захохотали.

– Ну и отмочил, Валька! – крикнул один из них и бросил собачке кусок колбасы.

– Пети, не смей! – крикнул старик. Обветренное его лицо и тощая, жилистая шея покраснели.

Собачка сжалась и, опустив хвост, подошла к старику, даже не взглянув на колбасу.

– Не смей брать у них ни крошки! – сказал старик.

Он начал судорожно рыться в карманах, достал немного серебряной и медной мелочи и начал пересчитывать ее на ладони, сдувая мусор, прилипший к монетам. Пальцы у него дрожали.

– Еще обижается! – сказал скуластый молодой человек. – Какой независимый, скажи пожалуйста!

– А, брось ты его! На что он тебе сдался? – примирительно сказал один из молодых людей, наливая всем пиво.

Старик ничего не ответил. Он подошел к стойке и положил горсть мелких денег на мокрый прилавок.

– Один бутерброд! – сказал он хрипло. Собачка стояла рядом с ним, поджав хвост. Продавщица подала старику на тарелке два бутерброда.

– Один! – сказал старик.

– Берите! – тихо сказала продавщица. – Я на вас не разорюсь...

– П?лдиес! – сказал старик. – Спасибо!

Он взял бутерброды и вышел на платформу. Там никого не было. Один шквал прошел, второй подходил, но был еще далеко на горизонте. Даже слабый солнечный свет упал на белые леса за рекой Лиелупа.

Старик сел на скамейку, дал один бутерброд Пети, а другой завернул в серый носовой платок и спрятал в карман.

Собачка судорожно ела, а старик, глядя на нее, говорил:

– Ах, Пети, Пети! Глупая собака!

Но собачка не слушала его. Она ела. Старик смотрел на нее и вытирал рукавом глаза – они у него слезились от ветра.

Вот, собственно, и вся маленькая история, случившаяся на станции Майори на Рижском взморье.

Зачем я ее рассказал?

Начав писать ее, я думал совсем о другом. Как это ни покажется странным, я размышлял о значении подробностей в прозе, вспомнил эту историю и решил, что если ее описать без одной главной подробности – без того, что собака всем своим видом извинялась перед хозяином, без этого жеста маленькой собаки, то история эта станет грубее, чем она была на самом деле.

А если выбросить и другие подробности – неумело заплатанную куртку, свидетельствующую о вдовстве или одиночестве, капли талой воды, падавшие со шляп молодых людей, ледяное пиво, мелкие деньги с прилипшим к ним сором из кармана, да, наконец, даже шквалы, налетавшие с моря белыми стенами, то рассказ от этого стал бы значительно суше и бескровнее.

В последние годы подробности начали исчезать из нашей беллетристики, особенно в вещах молодых писателей.

Без подробности вещь не живет. Любой рассказ превращается в ту сухую палку от копченого сига, о какой упоминал Чехов. Самого сига нет, а торчит одна тощая щепка.

Смысл подробности заключается в том, чтобы, по словам Пушкина, мелочь, которая ускользает от глаз, мелькнула бы крупно, в глаза всем.

С другой стороны, есть писатели, страдающие утомительной и скучной наблюдательностью. Они заваливают свои сочинения грудами подробностей – без отбора, без понимания того, что подробность имеет право жить и необходимо нужна только в том случае, если она характерна, если она может сразу, как лучом света, вырвать из темноты любого человека или любое явление.

Например, чтобы дать представление о начавшемся крупном дожде, достаточно написать, что первые его капли громко щелкали по газете, валявшейся на земле под окном.

Или, чтобы дать страшное ощущение смерти грудного ребенка, достаточно сказать об этом так, как сказал Алексей Толстой в «Хождении по мукам»:

«Измученная Даша уснула, а когда проснулась, ее ребенок был мертв и легкие волосы у него на голове поднялись».

«– Покуда спала, к нему пришла смерть... – сказала Даша, плача, Телегину. – Пойми же – у него волосики встали дыбом... Один мучился... Я спала.

Никакими уговорами нельзя было отогнать от нее видение одинокой борьбы мальчика со смертью».

Эта подробность (легкие детские волосы, вставшие дыбом) стоит многих страниц самого точного описания смерти.

Обе эти подробности верно бьют в цель. Только такой и должна быть подробность – определяющей целое и, кроме того, обязательной.

В рукописи одного молодого писателя я наткнулся на такой диалог:

«– Здорово, тетя Паша! – сказал, входя, Алексей. (Перед этим автор говорит, что Алексей открыл дверь в комнату тети Паши рукой, как будто дверь можно открыть головой.)

– Здравствуй, Алеша, – приветливо воскликнула тетя Паша, оторвалась от шитья и посмотрела на Алексея. – Что долго не заходил?

– Да все некогда. Собрания всю неделю проводил.

– Говоришь, всю неделю?

– Точно, тетя Паша! Всю неделю. Володьки нету? – спросил Алексей, оглядывая пустую комнату.

– Нет. Он на производстве.

– Ну, тогда я пошел. До свиданьица, тетя Паша. Бывайте здоровы.

– До свиданья, Алеша, – ответила тетя Паша. – Будь здоров.

Алексей направился к двери, открыл ее и вышел. Тетя Паша посмотрела ему вслед и покачала головой:

– Бойковитый парень. Моторный».

Весь этот отрывок состоит, помимо небрежностей и разгильдяйской манеры писать, из совершенно не обязательных и пустых вещей (они подчеркнуты). Все это ненужные, не характерные, ничего не определяющие подробности.

В поисках и определении подробностей нужен строжайший выбор.

Подробность теснейшим образом связана с тем явлением, которое мы называем интуицией.

Интуицию я представляю себе как способность по отдельной частности, по подробности, по одному какому-либо свойству восстановить картину целого.

Интуиция помогает историческим писателям воссоздавать не только подлинную картину жизни прошедших эпох, но самый их воздух, самое состояние людей, их психику, что по сравнению с нашей была, конечно, несколько иной.

Интуиция помогла Пушкину, никогда не бывшему в Испании и в Англии, написать великолепные испанские стихи, написать «Каменного гостя», а в «Пире во время чумы» дать картину Англии, не худшую, чем это могли бы сделать Вальтер Скотт или Берне – уроженцы этой туманной страны.

Хорошая подробность вызывает и у читателя интуитивное и верное представление о целом – или о человеке и его состоянии, или о событии, или, наконец, об эпохе.

Белая ночь

Старый пароход отвалил от пристани в Вознесенье и вышел в Онежское озеро.

Белая ночь простиралась вокруг. Я впервые видел эту ночь не над Невой и дворцами Ленинграда, а среди северных лесистых пространств и озер.

На востоке низко висела бледная луна. Она не давала света.

Волны от парохода бесшумно убегали вдаль, качая куски сосновой коры. На берегу, должно быть, в каком-нибудь древнем погосте, сторож пробил на колокольне часы – двенадцать ударов. И хотя до берега было далеко, этот звон долетел до нас, миновал пароход и ушел по водной глади в прозрачный сумрак, где висела луна.

Я не знаю, как назвать томительный свет белой ночи? Загадочным? Или магическим?

Эти ночи всегда кажутся мне чрезмерной щедростью природы – столько в них бледного воздуха и призрачного блеска фольги и серебра.

Человек не может примириться с неизбежным исчезновением этой красоты, этих очарованных ночей. Поэтому, должно быть, белые ночи и вызывают своей непрочностью легкую печаль, как все прекрасное, когда оно обречено жить недолго.

Я впервые ехал на север, но все казалось мне здесь знакомым, особенно груды белой черемухи, отцветавшей в ту позднюю весну в заглохших садах.

Много этой холодной и пахучей черемухи было в Вознесенье. Никто здесь ее не обрывал и не ставил на столы в кувшинах. Может быть, потому, что она уже осыпалась.

Я ехал в Петрозаводск. В то время Алексей Максимович Горький задумал издавать серию книг под рубрикой «История фабрик и заводов». К этому делу он привлек многих писателей, причем было решено работать бригадами, – тогда это слово впервые появилось в литературе.

Горький предложил мне на выбор несколько заводов. Я остановился на старинном Петровском заводе в Петрозаводске. Он был основан Петром Первым и существовал сначала как завод пушечный и якорный, потом занимался бронзовым литьем, а после революции перешел на изготовление дорожных машин.

От бригадной работы я отказался. Я был уверен тогда (как

111

и сейчас), что есть области человеческой дсятельности, где артельная работа просто немыслима, в особенности работа над книгой. В лучшем случае может получиться собрание разнородных очерков, а не цельная книга. В ней же, по-моему, несмотря на особенность материала, все равно должна была присутствовать индивидуальность писателя, со всеми качествами его восприятия действительности, стиля и языка.

Я считал, что так же, как нельзя одновременно играть вдвоем или втроем на одной и той же скрипке, так же невозможно писать сообща одну и ту же книгу.

Я сказал об этом Алексею Максимовичу. Он насупился, побарабанил, по своему обыкновению, пальцами по столу, подумал и ответил:

– Вас, молодой человек, будут обвинять в самоуверенности. Но, в общем, валяйте! Только оконфузиться вам нельзя – книгу обязательно привозите. Всенепременно!

На пароходе я вспомнил об этом разговоре и поверил, что книгу я напишу. Мне очень нравился север. Это обстоятельство, как мне тогда казалось, должно было сильно облегчить работу. Очевидно, я надеялся протащить в эту книгу о Петровском заводе пленившие меня черты севера – белые ночи, тихие воды, леса, черемуху, певучий новгородский говор, черные челны с изогнутыми носами, похожими на лебединые шеи, коромысла, расписанные разноцветными травами.

Петрозаводск был в то время пустынным. На улицах лежали большие мшистые валуны. Город был весь какой-то слюдяной – должно быть, от белого блеска, исходившего от озера, и от белесого, невзрачного, но милого неба.

В Петрозаводске я засел в архивах и библиотеке и начал читать все, что относилось к Петровскому заводу. История завода оказалась сложной и интересной. Петр Первый, шотландские инженеры, наши крепостные талантливые мастера, карронский способ литья, водяные машины, нравы – все это давало хороший материал для книги.

Покончив с чтением, я поехал на несколько дней на водопад Кивач и в село Кижи, где была единственная в мире по красоте архитектуры деревянная церковь.

Кивач ревел и волочил в своей стеклянной, упругой воде стоявшие торчком сосновые бревна.

Церковь в Кижах я увидел на закате. Казалось, нужны были руки ювелиров и целые века, чтобы построить это сооружение. Строили же его простые наши плотники и в самые обыкновенные сроки.

112

Во время этой поездки я видел много озер, лесов, много нежаркого солнца и неярких далей, но мало людей.

В Петрозаводске я прежде всего написал план своей будущей книги. В нем было много истории и описаний, но мало людей.

Я решил писать книгу тут же, в Карелии, и потому снял комнату у бывшей учительницы Серафимы Ионовны – совершенно опростившейся старушки, ничем не похожей на учительницу, кроме очков и знания французского языка.

Я начал писать книгу по плану, но сколько я ни бился, книга просто рассыпалась у меня под руками. Мне никак не удавалось спаять материал, сцементировать его, дать ему естественное течение.

Материал расползался. Интересные куски провисали, не поддержанные соседними интересными кусками. Они одиноко торчали, не связанные с тем единственным, что могло бы вдохнуть жизнь в эти архивные факты, – с живописной подробностью, воздухом времени, близкой мне человеческой судьбой.

Я писал о водяных машинах, о производстве, о мастерах, писал с глубокой тоской, понимая, что пока у меня не будет своего отношения ко всему этому, пока хотя бы самое слабое лирическое дыхание не оживит этот материал, ничего из книги не получится. И вообще никакой книги не будет.

(Кстати, в то время я понял, что писать о машинах нужно так же, как мы пишем о людях, – чувствуя их, любя их, радуясь и страдая за них. Не знаю, как кто, но я всегда испытываю физическую боль за машину, хотя бы за «Победу», когда она, напрягаясь, берет из последних сил крутой подъем. Я устаю от этого, пожалуй, не меньше, чем машина. Может быть, этот пример не очень удачен, но я убежден, что к машинам, если хочешь написать о них, надо относиться, как к живым существам. Я заметил, что хорошие мастера и рабочие так к ним и относятся.)

Ничего нет отвратительнее беспомощности перед материалом.

Я чувствовал себя человеком, взявшимся не за свое дело, как если бы мне пришлось выступать в балете или редактировать философию Канта.

А память нет-нет да и колола меня словами Горького: «Только оконфузиться вам нельзя – книгу обязательно привозите».

Я был подавлен еще и тем, что рушилась одна из основ писательского мастерства, которую я свято чтил. Я считал, что

113

писателем может быть только тот, кто умеет легко и не теряя своей индивидуальности овладевать любым материалом.

Это мое состояние кончилось тем, что я решил сдаться, ничего не писать и уехать из Петрозаводска.

Мне не с кем было поделиться своей бедой, кроме Серафимы Ионовны. Я было уже совсем собрался рассказать ей о своей неудаче, но оказалось, что она сама это заметила по каким-то, должно быть, старым учительским навыкам.

– Вы как бывало мои дуры-гимназистки перед экзаменом, – сказала она мне. – Так забьют себе головы, что ничего не видят и не могут понять, что важно, а что ерунда. Просто переутомились. Я вашего дела писательского не знаю, но думается мне, что тут напором ничего не возьмешь. Только перетянете себе нервы. А это и вредно и просто опасно. Вы сгоряча не уезжайте. Отдохните. Поездите по озеру, погуляйте по городу. Он у нас славный, простой. Может, что и получится.

Но я все же решил уехать. Перед отъездом я пошел побродить по Петрозаводску. До тех пор я его почти не видел.

Я пошел к северу вдоль озера и вышел на окраину города. Домишки кончились. Потянулись огороды. Среди них то тут, то там виднелись кресты и могильные памятники.

Какой-то старик полол грядки моркови. Я спросил его, что это за кресты.

– Тут ране было кладбище, – ответил старик. – Вроде иностранцев здесь погребали. А сейчас эта земля пошла под огороды, памятники поубирали. А что осталось, так это не надолго. До будущей весны постоят, не дольше.

Памятников, правда, было мало – всего пять-шесть. Один из них был обнесен чугунной оградой великолепного тяжелого литья.

Я подошел к нему. На гранитной сломанной колонне виднелась надпись на французском языке. Высокий репейник закрывал почти всю эту надпись.

Я сломал репейник и прочел: «Шарль Евгений Лонсевиль, инженер артиллерии Великой армии императора Наполеона. Родился в 1778 году в Перпиньяне, скончался летом 1816 года в Петрозаводске, вдали от родины. Да снизойдет мир на его истерзанное сердце».

Я понял, что передо мной была могила человека незаурядного, человека с печальной судьбой, и что именно он выручит меня.

Я вернулся домой, сказал Серафиме Ионовне, что остаюсь в Петрозаводске, и тотчас пошел в архив.

Там работал совершенно пересохший, даже как будто

прозрачный от худобы старичок в очках, бывший преподаватель математики. Архив не был еще целиком разобран, но старичок прекрасно управлялся в нем.

Я рассказал ему, что со мной произошло. Старичок страшно разволновался. Он привык выдавать, да и то редко, скучные справки, главным образом выписки из церковных метрических книг, а сейчас нужно было произвести трудный и интересный архивный розыск — найти все, что касалось загадочного наполеоновского офицера, умершего почему-то в Петрозаводске больше ста лет назад.

И старичок и я — мы оба беспокоились. Найдутся ли в архиве хоть какие-нибудь следы Лонсевиля, чтобы по ним можно было с большей или меньшей вероятностью восстановить его жизнь? Или мы ничего не найдем?

В общем старичок неожиданно заявил, что он не пойдет ночевать домой, а будет рыться всю ночь в архиве. Я хотел остаться с ним, но оказалось, что посторонним в архиве находиться нельзя. Тогда я пошел в город, купил хлеба, колбасы, чая и сахара, принес все это старичку, чтобы он мог ночью попить чаю, и ушел.

Поиски длились девять дней. Каждое утро старичок показывал мне список дел, где, по его догадкам, могли быть какие-нибудь упоминания о Лонсевиле. Против наиболее интересных дел он ставил «птички», но называл их, как математик, «радикалами».

Только на седьмой день была найдена запись в кладбищенской книге о погребении при несколько странных обстоятельствах пленного капитана французской армии Шарля Евгения Лонсевиля.

На девятый день были найдены указания на Лонсевиля в двух частных письмах, а на десятый — оборванное, без подписи донесение олонецкого губернатора о кратковременном пребывании в Петрозаводске жены «означенного Лонсевиля Марии Цецилии Тринитэ, приезжавшей из Франции для установки памятника на его могиле».

Материалы были исчерпаны. Но того, что нашел сиявший от этой удачи старичок архивариус, было достаточно, чтобы Лонсевиль ожил в моем воображении.

Как только появился Лонсевиль, я тотчас засел за книгу — и весь материал по истории завода, что еще недавно так безнадежно рассыпался, вдруг лег в нее. Лег плотно и закономерно вокруг этого артиллериста, участника Французской революции, взятого в плен казаками под

Гжатском, сосланного на Петрозаводский завод и умершего там от горячки.

Так была написана повесть «Судьба Шарля Лонсевиля».

Материал был мертв, пока не появился человек.

Кроме того, весь заранее составленный план книги разлетелся в щепки. Теперь повествование уверенно вел за собой Лонсевиль. Он, как магнит, притянул к себе не только исторические факты, но и многое из того, что я видел на севере.

В повести есть сцена оплакивания умершего Лонсевиля. Слова женского плача над ним я взял из подлинных причитаний. Этот случай заслуживает того, чтобы о нем упомянуть.

Я ехал на пароходе вверх по Свири, из Ладожского озера в Онежское. Где-то, кажется, в Свирице, на нижнюю палубу внесли с пристани простой сосновый гроб.

В Свирице, оказывается, умер старейший и самый опытный лоцман на Свири. Его друзья лоцманы решили провезти гроб с его телом по всей реке – от Свирицы до Вознесенья, чтобы покойный как бы простился с любимой рекой. И, кроме того, чтобы дать возможность береговым жителям попрощаться с этим очень уважаемым в тех местах, своего рода знаменитым человеком.

Дело в том, что Свирь порожистая и стремительная река. Пароходы без опытного лоцмана не могут проходить свирские стремнины. Поэтому на Свири с давних пор существовало племя лоцманов, связанных круговой порукой.

Когда мы проходили стремнины – пороги, – наш пароход тащили два буксира, несмотря на то, что он сам работал полным ходом.

Вниз по течению пароходы шли в обратном порядке – и пароход и буксир работали задним ходом против течения, чтобы замедлить спуск и не налететь на пороги.

О том, что на нашем пароходе везут умершего лоцмана, дали телеграмму вверх по реке. Поэтому на каждой пристани пароход встречали толпы жителей. Впереди стояли старухи плакальщицы в черных платках. Как только пароход подваливал к пристани, они начинали оплакивать умершего высокими, томительными голосами.

Слова этого поэтического плача никогда не повторялись. По-моему, каждый плач был импровизацией.

Вот один из плачей:

«Пошто отлетел от нас в смертную сторону, пошто покинул нас, сиротинушек? Нешто мы тебя не привечали, не встречали добрым да ласковым словом? Погляди на Свирь, батюшка,

116

погляди в останний раз, – кручи запеклись рудой кровью, течет река из одних наших бабьих слез. Ох, за что же это смерть к тебе пришла не ко времени? Ох, чего ж это по всей Свири-реке горят погребальные свечечки?»

Так мы и плыли до Вознесенья под этот плач, не прекращавшийся даже ночью.

А в Вознесенье на пароход взошли суровые люди – лоцманы – и сняли с гроба крышку. Там лежал седой могучий старик с обветренным лицом.

Гроб подняли на льняных полотенцах и понесли на берег под звонкий плач. За гробом шла молодая женщина, прикрыв шалью бледное лицо. Она вела за руку белоголового мальчика. За ней в нескольких шагах позади шел средних лет мужчина в форме речного капитана. Это были дочь, внук и зять умершего.

На пароходе приспустили флаг, и когда гроб понесли на кладбище, пароход дал несколько протяжных гудков.

И еще одно впечатление не могло не войти в эту повесть. Ничего значительного в этом впечатлении не было, но почему-то оно в моей памяти накрепко связано с севером. Это необыкновенный блеск Венеры.

Никогда я еще не видел блеска такой напряженности и чистоты. Венера переливалась, как капля алмазной влаги на зеленеющем предрассветном небе.

Это была действительно посланница небес, предвестница прекрасной утренней зари. Почему-то в средних широтах и на юге я никогда не замечал ее. А здесь, казалось, она одна сверкает в своей девственной красоте над пустошами и лесами, одна властвует в предутренние часы над всей северной землей, над Онегой и Заволочьем, над Ладогой и Заонежьем.

Животворящее начало

Однажды Золя в обществе нескольких друзей говорил, что воображение совершенно не нужно писателю. Работа писателя должна быть основана только на точном наблюдении. Как у него, у Золя.

Бывший при этом Мопассан спросил:

— Как же тогда объяснить, что вы пишете свои огромные романы на основании какой-нибудь одной газетной заметки и при этом месяцами не выходите из дому?

Золя промолчал.

Мопассан взял шляпу и вышел. Его уход мог быть истолкован как оскорбление. Но он не боялся этого. Никому, даже Золя, он не мог позволить отрицать воображение.

Мопассан, как и каждый писатель, глубоко дорожил воображением — великолепной средой для расцвета творческой мысли, золотоносной землей поэзии и прозы.

Оно было животворящим началом искусства, его, как выражались восторженные поэты из Латинского квартала, «вечным солнцем и богом».

Но это ослепительное солнце воображения загорается только от прикосновения к земле. Оно не может гореть в пустоте. В ней оно гаснет.

Что такое воображение? Легче всего было бы ответить, как отвечал на такие каверзные вопросы Гайдар. Он подозрительно смотрел на собеседника и спрашивал:

— Опять ты меня решил подловить? Черта с два! Все равно не скажу.

Для того чтобы нам самим стали более или менее ясны некоторые понятия, лучше всего разобраться в них так, как идут разговоры с детьми.

Дети спрашивают: «А что это?», «А зачем это?», «А почему это?» Они не успокаиваются, пока не вынудят нас сделать нечеловеческое усилие, чтобы найти на все эти вопросы хотя бы сносные ответы.

Если бы у нас нашелся маленький собеседник, который мог бы выговорить слово «воображение», то разговор, очевидно, происходил бы так:

— А что это такое, воображение?

Если бы мы ответили что-нибудь вроде того, что это «солнце искусства» или его «святая святых», то этот ответ завел бы нас в такие заумные чащи, что из них оставался бы только один выход – бегство от своего собеседника.

Дети требуют ясности. Поэтому мы будем вынуждены ответить нашему собеседнику, что воображение – это свойство человеческой натуры.

– Какое?

– Это свойство человека, пользуясь запасом жизненных наблюдений, мыслей и чувств, создавать наряду с действительностью вымышленную жизнь, с вымышленными людьми и событиями. (Конечно, это надо сказать значительно проще.)

– А почему? – спросит нас собеседник. – Есть же настоящая жизнь. Зачем же выдумывать другую?

– А затем, что настоящая жизнь большая и сложная и человеку никогда не удастся узнать ее целиком и во всем разнообразии. Да многое он и не может увидеть и пережить. Например, он не может перенестись на триста лет назад и стать учеником Галилея, быть участником взятия Парижа в 1814 году или, сидя в Москве, прикоснуться рукой к мраморным колоннам Акрополя. Или беседовать с Гоголем, бродя по улицам Рима. Или заседать в Конвенте и слышать речи Марата. Или смотреть с палубы на Тихий океан, усеянный звездами. Хотя бы потому, что этот человек никогда в жизни не видел даже моря. А человек хочет знать, видеть и слышать все, хочет пережить все. И во г воображение дает ему то, что не успела или не может ему дать действительность. Воображение заполняет пустоты человеческой жизни.

Тут вы, конечно, забудете о своем собеседнике и начнете говорить вещи для него непонятные.

Кто может провести резкую границу между воображением и мыслью? Ее нет, этой границы.

Воображение создало закон притяжения, бином Ньютона, печальную повесть Тристана и Изольды, расщепление атома, здание Адмиралтейства в Ленинграде, «Золотую осень» Левитана, «Марсельезу», радио, электрический свет, принца Гамлета, теорию относительности и фильм «Бэмби».

Человеческая мысль без воображения бесплодна, равно как и воображение бесплодно без действительности.

Есть французское выражение: «Великие мысли исходят из сердца». Пожалуй, вернее было бы сказать, что великие мысли исходят из всего человеческого существа. Сердце, воображение и разум – вот та среда, где зарождается то, что мы называем культурой.

Но есть одна вещь, которую даже наше могучее

воображение не может представить. Это – исчезновение воображения и, значит, всего, что им вызвано к жизни. Если исчезнет воображение, то человек перестанет быть человеком.

Воображение – великий дар природы. Оно заложено в натуре человека.

Воображение, как я уже говорил, не может жить без действительности. Оно питается ею. С другой стороны, воображение очень часто в какой-то мере влияет на течение нашей жизни, на наши дела и мысли, на наше отношение к людям.

Об этом хорошо сказал Писарев. Если бы человек, говорил он, не мог представить себе в ярких и законченных картинах будущее, если бы человек не умел мечтать, то ничто бы не заставило его предпринимать ради этого будущего утомительные сооружения, вести упорную борьбу, даже жертвовать жизнью.

> Случайно на ноже карманном
> Найди пылинку дальних стран –
> И мир опять предстанет странным,
> Закутанным в цветной туман.

Это – из Блока. А другой поэт сказал:

> В каждой луже – запах океана,
> В каждом камне – веянье пустынь...

Пылинка дальних стран и камень на дороге! Часто с таких вот пылинок и камней начинается неукротимая работа воображения. В связи с этим мне вспомнилась история одного старого испанского гидальго.

Возможно, что этот гидальго знал лучшие дни, но ко времени нашего рассказа он скудно жил в своем поместье в Кастилье. Поместье – клочок земли с угрюмым каменным домом, похожим на крепостной каземат, – досталось ему в наследство от предков.

Гидальго был одинок. В доме у него жила только старуха нянька. Она с трудом готовила простую еду и ничего уже не помнила. Бесполезно было даже разговаривать с ней.

Гидальго целыми днями сидел в потертом кресле около стрельчатого окна и читал книги. Тишину нарушал только треск пересохшего клея в корешках книг.

Изредка гидальго смотрел за окно. Там торчало сухое дерево, черное, как железо, и тянулось по горизонту скучное плоскогорье. Эта область Испании была пустынна и неприветлива, но гидальго к ней привык.

Он был уже не молод, чтобы покидать свой дом ради утомительных и пыльных путешествий с их возможными неприятностями. Да и для чего путешествовать, если во всем королевстве у него не было ни родных, ни друзей!

Что происходило в прошлой жизни у гидальго, мало кто знал. Говорили, что у него была жена и красавица дочь, но они умерли в один и тот же год и месяц от моровой язвы. С тех пор он заперся в своем доме и неохотно пускал к себе даже случайных путников, застигнутых ночью или непогодой.

Однажды в дом постучался обветренный человек в грубом плаще. Он привязал к черному дереву старого осла... За ужином у пылающего очага он рассказал гидальго, что – благодарение мадонне! – вернулся невредимым из опасного плавания на запад, куда король, соблазненный речами некоего итальянца Колумба, послал несколько каравелл.

Они плыли через океан несколько недель и слышали голоса морских женщин – сирен. Женщины вкрадчиво просили поднять их на каравеллы, чтобы согреться на палубах, закутав свои обнаженные тела, как в покрывала, в собственные длинные волосы.

Капитан приказал не отвечать на просьбы сирен. Матросы негодовали. Они истомились по любви, по крутым и упругим женским бедрам.

Все это окончилось неудачным бунтом. Трех вожаков повесили на рее.

Так они плыли и увидели небывалое море, покрытое морской травой. В этой траве цвели большие синие цветы. Тогда отслужили мессу и начали огибать это море травы, пока на горизонте внезапно не открылась новая земля – неведомая и прекрасная. Ветер с ее берегов приносил ласковый шум леса и одуряющий запах растений.

Капитан поднялся на мостик, вынул шпагу, поднял ее к небу, и на острие клинка вспыхнул золотой огонь – знак того, что они открыли наконец страну Эльдорадо, где все горы полны драгоценных камней, золота и серебра.

Гидальго молча слушал этого человека.

Уезжая, человек достал из кожаной сумки розовую морскую раковину из страны Эльдорадо и подарил ее старому гидальго в благодарность за ужин и ночлег. Это была безделица, и потому гидальго ее принял.

Человек уехал, а ночью пришла гроза. Молнии медленно загорались и гасли над каменистой равниной.

121

Раковина лежала на столе около постели гидальго.

Он проснулся и увидел ее, озаренную вспышкой небесного огня. В глубине раковины сверкнуло и погасло видение волшебной страны, созданной из розового света, пены и облаков.

Молния погасла. Гидальго дождался следующей вспышки и снова увидел страну в раковине, более отчетливо, чем в первый раз. С отвесных ее берегов лились в море, пенясь и сверкая, широкие каскады воды. Что это было? Должно быть, реки. Он даже как будто почувствовал свежесть этих рек. Лицо ему запорошила водяная пыль.

Он приписал это ощущение непрошедшему сну, встал, придвинул кресло к столу, сел против раковины, нагнулся к ней и с непонятно отчего бьющимся сердцем старался рассмотреть все новые подробности страны, заключенной внутри раковины. Но молнии сверкали все реже, а вскоре и совсем погасли.

Гидальго боялся зажечь свечу, чтобы при ее грубом свете не убедиться, что все это обман зрения и никакой страны в раковине нет.

Он просидел до утра. В лучах рассвета раковина оказалась совсем не замечательной. В ее глубине не было ничего, кроме чуть заметного дымного сияния, будто загадочная страна отодвинулась за ночь на тысячи лье.

В тот же день гидальго уехал в Мадрид и преклонил колени перед королем, умоляя как о великой милости дать королевское соизволение снарядить за свой счет каравеллу и отплыть на запад для поисков неведомой страны.

Король был милостив и разрешил ему это. После ухода гидальго он сказал своим приближенным:

– Этот гидальго явный безумец! Чего он может достигнуть на единственной жалкой каравелле? Но бог руководит даже путями безумных. Чего доброго, этот старик присоединит к нашей короне новые земли.

Гидальго плыл на запад несколько месяцев. Он пил только воду и ел очень мало. Волнение высушило его тело. Он старался не думать о волшебной стране, боясь, что никогда до нее не доплывет. А если и увидит ее, то она окажется скучной равниной с колючей травой, и ветер будет гнать по ней серые столбы пыли.

Гидальго молился мадонне, чтобы она избавила его от этого разочарования.

Грубо вырезанная из дерева мадонна была прикреплена к носу каравеллы. Она неслась, качаясь, впереди корабля по

122

волнам. Ее выпуклые синие глаза неподвижно смотрели в морскую даль. На волосах со стертой позолотой и на выцветшем пурпуре ее плаща блестели брызги.

– Веди нас! – заклинал ее гидальго. – Не может быть, чтобы этой страны не было. Я так ясно вижу ее и наяву и во сне.

Однажды вечером матросы выловили в воде сломанную ветку. Это означало, что приближалась земля.

Ветка была покрыта большими листьями, похожими на перья страуса. Листья пахли сладко и освежающе.

В эту ночь никто на корабле не спал.

И вот наконец в блеске утренней зари от одного края моря до другого открылась страна, сияющая разноцветными стенами гор. Прозрачные реки низвергались с этих гор в океан. Над зеленью лесов летали стаи веселых птиц. Листва была так густа, что птицы не могли проникнуть внутрь леса и потому кружились над его вершинами.

Блаженный запах цветов и плодов долетел с берега. Казалось, что каждый глоток этого запаха вливает в грудь бессмертие.

Взошло солнце, и страна, окруженная пеленой водяной пыли от водопадов, вдруг вспыхнула всеми красками, какие дарит солнечный свет, когда он преломляется в граненых хрустальных сосудах.

Страна блистала, как алмазный пояс, забытый на краю моря девственной богиней неба и света.

Гидальго упал на колени, протянул трясущиеся руки к неведомой земле и сказал:

– Благодарю тебя, провидение! В конце жизни ты дало мне тоску по новизне и заставило мою душу томиться видением благословенной страны. Иначе я никогда бы не увидел ее и глаза мои высохли бы и ослепли от однообразного зрелища плоскогорий. Эту счастливую землю я хочу назвать именем моей дочери Флоренсии.

От берега навстречу каравелле бежали десятки маленьких радуг. От этого у гидальго закружилась голова. Солнце зажгло эти радуги в пене водопадов, но не они бежали к каравелле, а она быстро приближалась к ним.

На мачтах торжественно гудели паруса, и, ликуя, хлопали поднятые командой праздничные знамена.

Гидальго упал лицом на теплую, влажную палубу и замолк. Усталое его сердце не выдержало единственной и великой радости, ниспосланной ему в этот день. Он умер.

Так, говорят, была открыта страна, названная впоследствии Флоридой.

Вряд ли нужно истолковывать этот рассказ. Но все же следует наметить его основные узлы, чтобы стала совершенно ясной мысль, что воображение, рожденное жизнью, в свою очередь получает иной раз власть и над жизнью.

Толчок воображению гидальго дал человек в грубом плаще. С этой минуты воображение завладело старым гидальго, и только потому он увидел в глубине раковины необыкновенную страну.

Одно из замечательных свойств воображения заключается в том, что человек ему верит. Без этой веры оно было бы пустой игрой ума, бессмысленным детским калейдоскопом.

Эта вера в воображаемое и есть та сила, что заставляет человека искать воображаемого в жизни, бороться за его воплощение, идти на зов воображения, как это сделал старый гидальго, наконец – создавать воображаемое в действительности.

Но прежде всего и сильнее всего воображение связано с искусством, литературой, с поэзией.

Воображение основано на памяти, а память – на явлениях действительности. Запасы памяти не представляют из себя чего-то хаотического. Есть некий закон – закон ассоциаций, или, как называл его Ломоносов, «закон совоображения», который весь этот хаос воспоминаний распределяет по сходству или по близости во времени и пространстве – иначе говоря, обобщает – и вытягивает в непрерывную последовательную цепь. Эта цепь ассоциаций – путеводная нить воображения.

Богатство ассоциаций говорит о богатстве внутреннего мира писателя. При наличии этого богатства любая мысль и тема тотчас обрастают живыми чертами.

Есть крепкие минеральные источники. Стоит положить в такой источник ветку или гвоздь, что угодно, как через короткое время они обрастут множеством белых кристаллов и превратятся в подлинные произведения искусства. Примерно то же происходит и с человеческой мыслью, погруженной в источник нашей памяти, в насыщенную среду ассоциаций. Мысль превращается в произведение искусства.

Можно взять любой пример ассоциации. При этом надо помнить, что ассоциации у каждого связаны с его жизнью, биографией, с его воспоминаниями. Поэтому ассоциации одного человека могут быть совершенно чужды другому. Одно и то же слово вызывает разные ассоциации у разных людей. Дело писателя состоит в том, чтобы передать или, как говорится, донести свои ассоциации до читателя и вызвать у него такие же ассоциации.

Простейший пример ассоциации приводит Ломоносов в своей «Риторике». Ассоциация, по словам Ломоносова, «есть душевное Дарование с одной вещью, уже представленною, купно воображать другие, как-нибудь с ней сопряженные, например: когда, представив в уме корабль, с ним воображаем купно и море, по которому он плавает, с морем – бурю, с бурею – волны, с волнами – шум в берегах, с берегами – камни и так далее».

Это, так сказать, «хрестоматийная» ассоциация. Обычно ассоциации бывают гораздо сложнее.

Вот, к примеру, одна из них.

«Я пишу сейчас в маленьком доме на дюнах на берегу Рижского залива. В соседней комнате читает вслух свои стихи веселый человек – латышский поэт Иммерманис. Он носит красный вязаный свитер. Такой же свитер я видел давно, еще во время войны, на режиссере Эйзенштейне. Я встретил Эйзенштейна на улице в Алма-Ате. Он тащил пачку только что купленных книг. Подбор книг был несколько странный: «Руководство для игры в волейбол», хрестоматия по истории средних веков, учебник алгебры и «Цусима» Новикова-Прибоя.

– Режиссеру полагается знать все, – сказал Эйзенштейн. – И для всего находить зрительное выражение.

– Даже для алгебраических формул? – спросил я.

– Безусловно! – ответил Эйзенштейн.

Поэт Владимир Луговской писал в то время большую поэму. В ней была глава об Эйзенштейне под названием «Алма-Ата – город снов». В поэме были описаны мексиканские маски, висевшие в комнате у Эйзенштейна. Он привез их из поездки в Центральную Америку.

Вообще вся история завоевания Америки – это история человеческой подлости. Ее так и нужно озаглавить. Хорошее название для исторического романа: «Подлость». Оно звучит как пощечина.

О, эти постоянные мучительные поиски названий!

Выдумывание названий – особый талант. Есть люди, которые хорошо пишут, но не умеют давать названия своим вещам. И наоборот. Так же как есть люди, которые превосходно рассказывают, но плохо пишут. Они просто выбалтываются. Нужен сильный талант, такой, как у Горького, чтобы многократно рассказывать одну и ту же историю, а потом написать ее свежо и по-иному, чем сложился словесный рассказ! А рассказывал Горький великолепно. Подлинный случай сейчас же обрастал у него подробностями. При каждом новом рассказывании одного и того же случая подробности

125

разрастались, менялись, становились все интереснее. Его устные рассказы были по существу подлинным творчеством. Поэтому Горький нестерпимо скучал среди людей пресных и точных, позволявших себе сомневаться в подлинности его рассказов. Он хмурился, замолкал и, казалось, говорил: «Скучно жить с вами на этом свете, товарищи!» Этой способностью к прекрасному устному рассказу на основании подлинных фактов обладали многие писатели. В особенности Марк Твен. Один критик, боровшийся за мелкую правду, уличил Марка Твена во лжи. Марк Твен рассвирепел. «Как вы можете судить, соврал я или нет, – сказал ему Марк Твен, – если сами вы не умеете даже бездарно соврать и не имеете никакого представления о том, как это делается? Чтобы так смело утверждать, нужен большой опыт в этом деле. А у вас его нет и быть не может. В этой области вы невежда и профан».

Ильф рассказывал, что в маленьком городке на родине Марка Твена он видел памятник Тому Сойеру и Геккельбери Финну. Финн на этом памятнике держит за хвост дохлую кошку. Правда, почему не ставить памятников литературным героям? Например, Дон-Кихоту или Гулливеру, Павлу Корчагину, Татьяне Лариной, Тарасу Бульбе, Пьеру Безухову, чеховским трем сестрам, лермонтовскому Максиму Максимычу или Бэле.

Все написанное выше – цепь ассоциаций. Число их может быть бесконечным. Если поставить рядом первое и последнее звено этой ассоциации – красный свитер и памятник Бэле, – то весь, вполне естественный, ход ассоциации покажется бредом.

Я много говорю об ассоциациях лишь потому, что они теснейшим образом участвуют в творчестве.

Из длинного этого разговора в воображении ясно только одно – без воображения нет подлинной прозы и нет поэзии.

Пожалуй, лучше всех сказал о воображении Бестужев-Марлинский:

«Хаос – предтеча творения чего-нибудь истинного, высокого и поэтического. Пусть только луч гения пронзит этот мрак. Враждующие, равносильные доселе пылинки оживут любовью и гармонией, стекутся к одной сильнейшей, слепятся стройно, улягутся блестящими кристаллами, возникнут горами, разольются морем, и живая сила испишет чело нового мира своими исполинскими гиероглифами».

Приходит ночь, и постепенно оживает сила души, – ей нет пока имени. Как назвать ее? Воображением, фантазией, проникновением в мельчайшие поры человеческого сознания, вдохновением? Душевным восторгом или спокойствием? Радостью или печалью? Кто знает!

Я гашу лампу, и ночь начинает медленно светлеть. Темнота пропитывается отсветом снега. Морской залив во льду. Как огромное тусклое зеркало, он подсвечивает ночь и превращает ее в прозрачный сумрак.

Видны черные вершины балтийских сосен. С мерно нарастающим гулом проходят вдали электрички. И снова тишина, такая тишина, что кажется, слышно малейшее шуршание хвои за окном и непонятное легкое потрескивание. Оно совпадает с вспышками звезд. Может быть, это иней слетает с них и осторожно потрескивает и позванивает.

В доме пусто. Я один. Рядом – море на сотни миль. За дюнами обширные болота и низкие леса... Никого нет около. Но стоит зажечь лампу, сесть к столу и начать писать о чем бы то ни было, как ощущение одиночества пропадает. Я не один. Из этой тесной комнаты я могу говорить с тысячами людей, со всем миром. Я могу им рассказывать всяческие истории, смешить их и печалить, вызывать раздумие и гнев, любовь и сострадание, вести их за руку, как поводырь, по жизни. Она создана здесь, в этих четырех стенах, но прорывается во вселенную.

Вести их за руку навстречу заре. Она придет неизбежно. Она уже чуть заметно приподняла на востоке темный полог ночи и осветила край неба еще пока что очень далекой, едва заметной голубизной.

Пока еще я сам не знаю, что буду писать. Мысль существует во мне как волнение, как желание передать другим все то, что наполняет сейчас мой разум, мое сердце, все мое существо. Мысль живет во мне, но во что она выльется, какие найдет пути для своего выражения, мне не ясно еще самому. Но я знаю, для кого я буду писать. Я буду говорить со всем миром. Трудно, почти невозможно зрительно представить себе это понятие-весь мир.

Всегда думаешь о ком-нибудь одном, хотя бы о девочке с нестерпимо сияющими глазами, что когда-то бежала ко мне навстречу по лугам, чтобы, добежав, схватить меня за локоть и сказать, задыхаясь от бега:

– А я вас давно здесь жду. Уже набрала целый сноп цветов и девять раз прочла наизусть вторую главу из «Евгения Онегина». И все вас ждут дома, потому что нам одним скучно. И вы сейчас расскажете всем, что с вами случилось на озере, и, пожалуйста, выдумайте что-нибудь интересное. Или нет, не выдумывайте, а расскажите, все как было, потому что и так в лугах такая прелесть и второй раз зацвел шиповник! И вообще хорошо!

А может быть, для женщины, чья жизнь связана с моею многими годами тяжести, радости и нежности так крепко, что теперь уже ничто нас не страшит.

А может быть, для друзей. В моем возрасте их становится с каждым годом меньше.

Но в конце концов я пишу для всех, кто захочет прочесть это.

Я не знаю, о чем буду писать. Может быть, потому, что слишком много хочу рассказать и пока еще не выбрал из мыслей именно ту одну, что, как магнит, притянет остальные и заставит их стройно лечь в границы повествования.

Это состояние знакомо всем пишущим.

«Поэты, – сказал Тургенев, – недаром говорят о вдохновении. Конечно, муза не сходит к ним с Олимпа и не приносит им готовых песен, но у них бывает особенное, настроение, похожее на вдохновение. Те стихи Фета, над которыми так смеялись, где он говорит, что не знает сам, что будет петь, но «только песня зреет», прекрасно передают это настроение. Находят минуты, когда чувствуешь желание писать, – еще не знаешь, что именно, но чувствуешь, что будешь писать. Это настроение поэты и называют «приближением бога». Эти минуты составляют единственное наслаждение художника. Если бы их не было, никто бы и писать не стал. После, когда приходится приводить в порядок все то, что носится в голове, когда приходится излагать все это на бумаге, – тут-то и начинается мучение».

Внезапно среди ночи возникает звук. Это отдаленный пароходный гудок. Откуда он здесь, во льдах?

Вчера в рижской газете писали, что из Ленинграда вышел в залив ледокол. Очевидно, это гудок ледокола.

Неожиданно мне приходит на память рассказ штурмана одного из ледоколов о том, что, пробиваясь сквозь Финский залив, он увидел на льду замерзшую охапку простых полевых цветов. Они были присыпаны снегом. Кто потерял их здесь, в ледяной пустыне? Очевидно, их уронили с какого-нибудь парохода, когда он ломал первый, тонкий лед.

Образ возник. С непонятной силой он начинает вести к еще неясной сказке.

Нужно разгадать тайну этих замерзших цветов. В разгадке участвуют все. У каждого, видевшего эти цветы, есть соображения по этому поводу.

Есть они и у меня, хотя я цветов и не видел. Не те ли это

128

цветы, что собирала в лугах девочка, прибежавшая ко мне навстречу? Должно быть, это те же цветы. Но как они попали на лед? Это могло случиться только в сказке, не ведающей преград ни во времени, ни в пространстве.

Тут же возникает мысль об особом, чисто женском отношении к цветам. Оно рознится от нашего, мужского. Для нас цветы – это украшение. Для женщин – это живые существа, гости из мира, который мы, взрослые и деловые люди, замечаем только мимоходом и относимся к нему со снисходительным пренебрежением.

Досадно, что так быстро разгорается заря. Дневной свет может прогнать эти мысли, сделать их просто смешными в глазах серьезных людей.

От солнечного света многие сказки сжимаются и прячутся, как улитки, в свою скорлупу.

Да, но сказка – пока еще туманная – родилась. Остановить сказку, рассказ, повесть, когда они появляются на свет, почти невозможно. Это равносильно убийству живого существа. Они начинают расцветать в нашем сознании как бы сами по себе.

И наконец наступает тот час, когда сказка заносится на бумагу. Писать ее большей частью так же трудно, как передать словами слабый запах травы. Сказку пишешь почти не дыша – чтобы не сдуть тончайшую пыльцу, которой она покрыта. И пишешь быстро, потому что мелькание света, теней и отдельных картин происходит стремительно и легко. Нельзя опоздать, нельзя отстать от бега воображения.

Сказка окончена. И хочется с благодарностью еще раз взглянуть в те сияющие глаза, где она живет постоянно.

Ночной дилижанс

Я хотел написать отдельную главу о силе воображения и его влияния на нашу жизнь. Но, подумав, я написал вместо этой главы рассказ о поэте Андерсене. Мне кажется, что он может заменить эту главу и даст даже более ясное представление о воображении, чем общие разговоры на эту тему.

В старой и грязной венецианской гостинице нельзя было допроситься чернил. Да и зачем было держать там чернила? Чтобы писать дутые счета постояльцам?

Правда, когда Христиан Андерсен поселился в гостинице, то в оловянной чернильнице оставалось еще немного чернил. Он начал писать ими сказку. Но с каждым часом сказка бледнела на глазах, потому что Андерсен несколько раз разбавлял чернила водой. Так ему и не удалось окончить ее – веселый конец сказки остался на дне чернильницы.

Андерсен усмехнулся и решил, что следующую сказку он так и назовет: «История, оставшаяся на дне высохшей чернильницы».

Он полюбил Венецию и называл ее «увядающим лотосом».

Над морем клубились низкие осенние тучи. В каналах плескалась гнилая вода. Холодный ветер дул на перекрестках. Но когда прорывалось солнце, то из-под плесени на стенах проступал розовый мрамор и город появлялся за окном, как картина, написанная старым венецианским мастером Каналетто.

Да, это был прекрасный, хотя и несколько печальный город. Но пришло время покинуть его ради других городов.

Поэтому Андерсен не чувствовал особого сожаления, когда послал гостиничного слугу купить билет на дилижанс, отправлявшийся вечером в Верону.

Слуга был под стать гостинице – ленивый, всегда навеселе, нечистый на руку, но с открытым, простодушным лицом. Он ни разу не прибрал в комнате у Андерсена, даже не подмел каменный пол.

Из красных бархатных портьер золотистыми роями вылетала моль. Умываться приходилось в треснувшем фаянсовом тазу с изображением полногрудых купальщиц. Масляная лампа была сломана. Взамен ее на столе стоял тяжелый серебряный канделябр с огарком сальной свечи. Его, должно быть, не чистили со времен Тициана.

130

Из первого этажа, где помещалась дешевая остерия, разило жареной бараниной и чесноком. Там весь день оглушительно хохотали и ссорились молодые женщины в потертых бархатных корсажах, кое-как затянутых порванными тесемками.

Иногда женщины дрались, вцепившись друг другу в волосы. Когда Андерсену случалось проходить мимо дерущихся женщин, он останавливался и с восхищением смотрел на их растрепанные косы, рдеющие от ярости лица и горящие жаждой мести глаза.

Но самым прелестным зрелищем были, конечно, гневные слезы, что брызгали у них из глаз и стекали по щекам, как алмазные капли.

При виде Андерсена женщины затихали. Их смущал этот худой и элегантный господин с тонким носом. Они считали его заезжим фокусником, хотя и называли почтительно «синьор поэт». По их понятиям это был странный поэт. В нем не бурлила кровь. Он не пел под гитару раздирающие сердце баркаролы и не влюблялся по очереди в каждую из женщин. Только один раз он вынул из петлицы алую розу и подарил ее самой некрасивой девочке-судомойке. Она была к тому же хромая, как утка.

Когда слуга пошел за билетом, Андерсен кинулся к окну, отодвинул тяжелый занавес и увидел, как слуга шел, насвистывая, вдоль канала. Он п?ходя ущипнул за грудь краснолицую продавщицу креветок и получил оглушительную оплеуху.

Потом слуга долго и сосредоточенно плевал с горбатого моста в канал, стараясь попасть в пустую половинку яичной скорлупы. Она плавала около свай.

Наконец он попал в нее, и скорлупа утонула. После этого слуга подошел к мальчишке в рваной шляпе. Мальчишка удил. Слуга сел около него и бессмысленно уставился на поплавок, дожидаясь, когда клюнет какая-нибудь бродячая рыба.

– О боже! – воскликнул с отчаянием Андерсен. – Неужели я сегодня не уеду из-за этого болвана?

Андерсен распахнул окно. Стекла задребезжали так сильно, что слуга услышал их звон и поднял голову. Андерсен воздел руки к небу и яростно потряс кулаками.

Слуга сорвал с мальчишки шляпу, восторженно помахал ею Андерсену, снова нахлобучил ее на мальчишку, вскочил и скрылся за углом.

Андерсен рассмеялся. Он ничуть не был рассержен. Его

страсть к путешествиям усиливалась изо дня в день даже от таких забавных пустяков.

Путешествия всегда сулили неожиданности. Никогда ведь не знаешь, когда блеснет из-под ресниц лукавый женский взгляд, когда покажутся вдали башни незнакомого города и закачаются на горизонте мачты тяжелых кораблей, какие стихи придут в голову при виде грозы, бушующей над Альпами, и чей голос пропоет тебе, как дорожный колокольчик, песенку о нераспустившейся любви.

Слуга принес билет на дилижанс, но не отдал сдачу. Андерсен взял его за шиворот и вежливо вывел в коридор. Там он шутливо хлопнул слугу по шее, и тот помчался вниз по шаткой лестнице, перепрыгивая через ступеньки и распевая во все горло.

Когда дилижанс выехал из Венеции, начал накрапывать дождь. На болотистую равнину опустилась ночь.

Возница сказал, что сам сатана придумал, должно быть, отправлять дилижансы из Венеции в Верону по ночам.

Пассажиры ничего не ответили. Возница помолчал, в сердцах сплюнул и предупредил пассажиров, что, кроме огарка в жестяном фонаре, свечей больше нет.

Пассажиры не обратили на это внимания. Тогда возница выразил сомнение в здравом рассудке своих пассажиров и добавил, что Верона — глухая дыра, где порядочным людям нечего делать.

Пассажиры знали, что это не так, но никто не захотел возразить вознице.

Пассажиров было трое — Андерсен, пожилой угрюмый священник и дама, закутанная в темный плащ. Она казалась Андерсену то молодой, то пожилой, то красавицей, то дурнушкой. Все это были шалости огарка в фонаре. Он освещал даму каждый раз по-иному — как ему приходило в голову.

— Не погасить ли огарок? — спросил Андерсен. — Сейчас он не нужен. Потом, в случае необходимости, нам нечего будет зажечь.

— Вот мысль, которая никогда бы не пришла в голову итальянцу! — воскликнул священник.

— Почему?

— Итальянцы не способны что-либо предвидеть. Они спохватываются и вопят, когда уже ничего нельзя исправить.

— Очевидно, — спросил Андерсен, — ваше преподобие не принадлежит к этой легкомысленной нации?

— Я австриец! — сердито ответил священник. Разговор

оборвался. Андерсен задул огарок. После некоторого молчания дама сказала:

– В этой части Италии лучше ездить ночью без света.

– Нас все равно выдает шум колес, – возразил ей священник и недовольно добавил: – Путешествующим дамам следует брать с собой кого-нибудь из родственников. В качестве провожатого.

– Мой провожатый, – ответила дама и лукаво засмеялась, – сидит рядом со мной.

Она говорила об Андерсене. Он снял шляпу и поблагодарил свою спутницу за эти слова.

Как только огарок погас, звуки и запахи усилились, как будто они обрадовались исчезновению соперника. Громче стал топот копыт, шорох колес по гравию, дребезжание рессор и постукивание дождя по крыше дилижанса. И гуще потянуло в окна запахом сырой травы и болота.

– Удивительно! – промолвил Андерсен. – В Италии я ожидал услышать запах померанцевых рощ, а узнаю воздух своей северной родины.

– Сейчас все переменится, – сказала дама. – Мы подымаемся на холмы. Там воздух теплее.

Лошади шли шагом. Дилижанс действительно подымался на отлогий холм.

Но ночь от этого не посветлела. Наоборот, по сторонам дороги потянулись старые вязы. Под их раскидистыми ветвями темнота стояла плотно и тихо, чуть слышно перешептываясь с листьями и дождевыми каплями.

Андерсен опустил окно. Ветка вяза заглянула в дилижанс. Андерсен сорвал с нее на память несколько листьев.

Как у многих людей с живым воображением, у него была страсть собирать во время поездок всякие пустяки. Но у этих пустяков было одно свойство – они воскрешали прошлое, возобновляли то состояние, какое было у него, Андерсена, именно в ту минуту, когда он подбирал какой-нибудь осколок мозаики, лист вяза или маленькую ослиную подкову.

«Ночь!» – сказал про себя Андерсен.

Сейчас ее мрак был приятнее, чем солнечный свет. Темнота позволяла спокойно размышлять обо всем. А когда Андерсену это надоедало, то она помогала выдумывать разные истории, где он был главным героем.

В этих историях Андерсен представлял себя неизменно красивым, юным, оживленным. Он щедро разбрасывал вокруг себя те опьяняющие слова, которые сентиментальные критики называют «цветами поэзии».

На самом же деле Андерсен был очень некрасив и хорошо это знал. Он был долговяз и застенчив. Руки и ноги болтались у него, как у игрушечного человечка на веревочке. Таких человечков у него на родине дети зовут «хампельманами».

С этим» качествами нечего было надеяться на внимание женщин. Но все же каждый раз сердце отзывалось обидой, когда юные женщины проходили мимо него, как около фонарного столба.

Андерсен задремал.

Когда он очнулся, то прежде всего увидел большую зеленую звезду. Она пылала над самой землей. Очевидно, был поздний час ночи.

Дилижанс стоял. Снаружи доносились голоса. Андерсен прислушался. Возница торговался с несколькими женщинами, остановившими дилижанс в пути.

Голоса этих женщин были такими вкрадчивыми и звонкими, что весь этот мелодический торг напоминал речитатив из старой оперы.

Возница не соглашался подвезти женщин до какого-то, очевидно, совершенно ничтожного, городка за ту плату, какую они предлагали Женщины наперебой говорили, что они сложились втроем и больше денег у них нет.

– Довольно! – сказал Андерсен вознице. – Я приплачу вам до той суммы, которую вы нагло требуете. И прибавлю еще, если вы перестанете грубить пассажирам и болтать вздор.

– Ладно, красавицы, – сказал возница женщинам, – садитесь Благодарите мадонну, что вам попался этот иностранный принц, который сорит деньгами. Он просто не хочет задерживать из-за вас дилижанс. А вы-то сами ему нужны, как прошлогодние макароны.

– О Иисусе! – простонал священник.

– Садитесь рядом со мной, девушки, – сказала дама. – Так нам будет теплее.

Девушки, тихо переговариваясь и передавая друг другу вещи, влезли в дилижанс, поздоровались, робко поблагодарили Андерсена, сели и затихли.

Сразу же запахло овечьим сыром и мятой. Андерсен смутно различал, как поблескивали стекляшки в дешевых серьгах девушек.

Дилижанс тронулся. Снова затрещал гравий под колесами. Девушки начали шептаться.

– Они хотят знать, – сказала дама, и Андерсен догадался, что она усмехается в темноте, – кто вы такой. Действительно ли вы иностранный принц? Или обыкновенный путешественник-форестьер?

— Я предсказатель, — ответил, не задумываясь. Андерсен. — Я умею угадывать будущее и видеть в темноте. Но я не шарлатан. И, пожалуй, я своего рода бедный принц из той страны, где некогда жил Гамлет.

— Да что же вы можете увидеть в эдакой темноте? — удивленно спросила одна из девушек.

— Хотя бы вас, — ответил Андерсен. — Я вижу вас так ясно, что мое сердце наполняется восхищением перед вашей прелестью.

Он сказал это и почувствовал, как у него холодеет лицо. Приближалось то состояние, какое он всякий раз испытывал, выдумывая свои поэмы и сказки.

В этом состоянии соединялись легкая тревога, неизвестно откуда берущиеся потоки слов, внезапное ощущение поэтической силы, своей власти над человеческим сердцем.

Как будто в одной из его историй отлетела со звоном крышка старого волшебного сундука, где хранились невысказанные мысли и дремлющие чувства, где было спрятано все очарование земли, — все ее цветы, краски и звуки, душистые ветры, просторы морей, шум леса, муки любви и детский лепет.

Андерсен не знал, как называется это состояние. Одни считали его вдохновением, другие — восторгом, третьи — даром импровизации.

— Я проснулся и услышал среди ночи ваши голоса, — спокойно сказал, помолчав, Андерсен. — Для меня этого было довольно, милые девушки, чтобы узнать вас и даже больше того — полюбить, как своих мимолетных сестер. Я хорошо вас вижу. Вот вы, девушка с легкими светлыми волосами. Вы хохотушка и так любите все живое, что даже дикие дрозды садятся вам на плечи, когда вы работаете на огороде.

— Ой, Николина! Это же он говорит про тебя! — громким шепотом сказала одна из девушек.

— У вас, Николина, горячее сердце, — так же спокойно продолжал Андерсен. — Если бы случилось несчастье с вашим любимым, вы бы пошли не задумываясь за тысячи лье через снежные горы и сухие пустыни, чтобы увидеть его и спасти. Правду я говорю?

— Да уж пошла бы... — смущенно пробормотала Николина. — Раз вы так думаете.

— Как вас зовут, девушки? — спросил Андерсен.

– Николина, Мария и Анна, – охотно ответила за всех одна из них.

– Что ж, Мария, я бы не хотел говорить о вашей красоте. Я плохо говорю по-итальянски. Но еще в юности я поклялся перед богом поэзии прославлять красоту повсюду, где бы я ее ни увидел.

– Иисусе! – тихо сказал священник. – Его укусил тарантул. Он обезумел.

– Есть женщины, обладающие поистине потрясающей красотой. Это почти всегда замкнутые натуры.

Они переживают наедине сжигающую их страсть. Она как бы изнутри опаляет их лица. Вот вы такая, Мария. Судьба таких женщин часто бывает необыкновенной. Или очень печальной, или очень счастливой.

– А вы встречали когда-нибудь таких женщин? – спросила дама.

– Не далее, как сейчас, – ответил Андерсен. – Мои слова относятся не только к Марии, но и к вам, сударыня.

– Я думаю, что вы говорите так не для того, чтобы скоротать длинную ночь, – сказала дрогнувшим голосом дама. -Это было бы слишком жестоко по отношению к этой прелестной девушке. И ко мне, -добавила она вполголоса.

– Никогда я еще не был так серьезен, сударыня, как в эту минуту.

– Так как же? – спросила Мария. – Буду я счастлива? Или нет?

– Вы очень много хотите получить от жизни, хотя вы и простая крестьянская девушка. Поэтому вам нелегко быть счастливой. Но вы встретите в своей жизни человека, достойного вашего требовательного сердца. Ваш избранник должен быть, конечно, человеком замечательным. Может быть, это будет живописец, поэт, борец за свободу Италии... А может быть, это будет простой пастух или матрос, но с большой душой. Это в конце концов все равно.

– Сударь, – застенчиво сказала Мария, – я вас не вижу, и потому мне не стыдно спросить. А что делать, если такой человек уже завладел моим сердцем? Я его видела всего несколько раз и даже не знаю, где он сейчас.

– Ищите его! – воскликнул Андерсен. – Найдите его, и он вас полюбит.

– Мария! – радостно сказала Анна. – Так это же тот молодой художник из Вероны...

– Замолчи! – прикрикнула на нее Мария.

– Верона не такой большой город, чтобы человека нельзя

136

было отыскать, – сказала дама. – Запомните мое имя. Меня зовут Елена Гвиччиоли. Я живу в Вероне. Каждый веронец укажет вам мой дом. Вы, Мария, приедете в Верону. И вы будете жить у меня, пока не произойдет тот счастливый случай, какой предсказал наш милый попутчик.

Мария нашла в темноте руку Елены Гвиччиоли и прижала к своей горячей щеке.

Все молчали. Андерсен заметил, что зеленая звезда погасла. Она зашла за край земли. Значит, ночь перевалила за половину.

– Ну, а что же вы мне ничего не посулили? – спросила Анна, самая разговорчивая из девушек.

– У вас будет много детей, – уверенно ответил Андерсен. – Они будут выстраиваться гуськом за кружкой молока. Вам придется терять много времени, чтобы каждое утро их всех умывать и причесывать. В этом вам поможет ваш будущий муж.

– Уж не Пьетро ли? – спросила Анна. – Очень он мне нужен, этот пентюх Пьетро!

– Вам еще придется потратить много времени, чтобы несколько раз за день перецеловать всех этих крошечных мальчиков и девочек в их сияющие любопытством глаза.

– В папских владениях были бы немыслимы все эти безумные речи! – сказал раздраженно священник, но никто не обратил внимания на его слова.

Девушки опять о чем-то пошептались. Шепот их все время прерывался смехом. Наконец Мария сказала:

– А теперь мы хотим знать, что вы за человек, сударь. Мы-то не умеем видеть в темноте.

– Я бродячий поэт, – ответил Андерсен. – Я молод. У меня густые, волнистые волосы и темный загар на лице. Мои синие глаза почти все время смеются, потому что я беззаботен и пока еще никого не люблю. Мое единственное занятие – делать людям маленькие подарки и совершать легкомысленные поступки, лишь бы они радовали моих ближних.

– Какие, например? – спросила Елена Гвиччиоли.

– Что же вам рассказать? Прошлым летом я жил у знакомого лесничего в Ютландии. Однажды я гулял в лесу и вышел на поляну, где росло много грибов. В тот же день я вернулся на эту поляну и спрятал под каждый гриб то конфету в серебряной обертке, то финик, то маленький букетик из восковых цветов, то наперсток и шелковую ленту. На следующее утро я пошел в этот лес с дочерью лесничего. Ей было семь лет. И вот под каждым грибом она находила эти необыкновенные вещицы. Не было только финика. Его, наверное, утащила ворона. Если бы вы только видели, каким восторгом горели ее глаза! Я уверил ее, что все эти вещи спрятали гномы.

— Вы обманули невинное создание! — возмущенно сказал священник. — Это великий грех!

— Нет, это не было обманом. Она-то запомнит этот случай на всю жизнь. И, уверяю вас, ее сердце не так легко очерствеет, как у тех, кто не пережил этой сказки. Кроме того, замечу вам, ваше преподобие, что не в моих привычках выслушивать непрошенные наставления.

Дилижанс остановился. Девушки сидели не двигаясь, как зачарованные. Елена Гвиччиоли молчала, опустив голову.

— Эй, красотки! — крикнул возница. — Очнитесь! Приехали!

Девушки опять о чем-то пошептались и встали.

Неожиданно в темноте сильные руки обняли Андерсена за шею, и горячие губы прикоснулись к его губам.

— Спасибо! — прошептали эти горячие губы, и Андерсен узнал голос Марии.

Николина поблагодарила его и поцеловала осторожно и ласково, защекотав волосами лицо, а Анна — крепко и шумно. Девушки соскочили на землю. Дилижанс покатился по мощеной дороге. Андерсен выглянул в окно. Ничего не было видно, кроме черных вершин деревьев на едва зеленеющем небе. Начинался рассвет.

Верона поразила Андерсена великолепными зданиями. Торжественные фасады соперничали друг с другом. Соразмерная архитектура должна была способствовать спокойствию духа. Но на душе у Андерсена спокойствия не было.

Вечером Андерсен позвонил у дверей старинного дома Гвиччиоли, в узкой улице, подымавшейся к крепости.

Дверь ему открыла сама Елена Гвиччиоли. Зеленое бархатное платье плотно облегало ее стан. Отсвет от бархата падал на ее глаза, и они показались Андерсену совершенно зелеными, как у валькирии, и невыразимо прекрасными.

Она протянула ему обе руки, сжала его широкие ладони холодными пальцами и, отступая, ввела его в маленький зал.

— Я так соскучилась, — сказала она просто и виновато улыбнулась. — Мне уже не хватает вас.

Андерсен побледнел. Весь день он вспоминал о ней с глухим волнением. Он знал, что можно до боли в сердце любить каждое слово женщины, каждую ее потерянную ресницу, каждую пылинку на ее платье. Он понимал это. Он думал, что такую любовь, если он даст ей разгореться, не вместит сердце. Она принесет столько терзаний и радости, слез и смеха, что у него не хватит сил, чтобы перенести все ее перемены и неожиданности.

И кто знает, может быть, от этой любви померкнет, уйдет и никогда не вернется пестрый рой его сказок. Чего он будет стоить тогда!

Все равно его любовь будет в конце концов безответной. Сколько раз с ним уже так бывало. Такими женщинами, как Елена Гвиччиоли, владеет каприз. В один печальный день она заметит, что он урод. Он сам был противен себе. Он часто чувствовал за своей спиной насмешливые взгляды. Тогда его походка делалась деревянной, он спотыкался и готов был провалиться сквозь землю.

«Только в воображении, – уверял он себя, – любовь может длиться вечно и может быть вечно окружена сверкающим нимбом поэзии. Кажется, я могу гораздо лучше выдумать любовь, чем испытать ее в действительности».

Поэтому он пришел к Елене Гвиччиоли с твердым решением увидеть ее и уйти, чтобы никогда больше не встречаться.

Он не мог прямо сказать ей об этом. Ведь между ними ничего не произошло. Они встретились только вчера в дилижансе и ничего не говорили друг другу.

Андерсен остановился в дверях зала и осмотрелся. В углу белела освещенная канделябрами мраморная голова Дианы, как бы побледневшая от волнения перед собственной красотой.

– Кто обессмертил ваше лицо в этой Диане? – спросил Андерсен.

– Канова, – ответила Елена Гвиччиоли и опустила глаза. Она, казалось, догадывалась обо всем, что творилось у него на душе.

– Я пришел откланяться, – пробормотал Андерсен глухим голосом. – Я бегу из Вероны.

– Я узнала, кто вы, – глядя ему в глаза, сказала Елена Гвиччиоли. – Вы Христиан Андерсен, знаменитый сказочник и поэт. Но, оказывается, в своей жизни вы боитесь сказок. У вас не хватает силы и смелости даже для короткой любви.

– Это мой тяжкий крест, – сознался Андерсен.

– Ну что ж, мой бродячий и милый поэт, – сказала она горестно и положила руку на плечо Андерсену, – бегите! Спасайтесь! Пусть ваши глаза всегда смеются. Не думайте обо мне. Но если вы будете страдать от старости, бедности и болезней, то вам стоит сказать только слово – и я приду, как

Николина, пешком за тысячи лье, через снежные горы и сухие пустыни, чтобы утешить вас.

Она опустилась в кресло и закрыла руками лицо. Трещали в канделябрах свечи.

Андерсен увидел, как между тонких пальцев Елены Гвиччиоли просочилась, блеснула, упала на бархат платья и медленно скатилась слеза.

Он бросился к ней, опустился на колени, прижался лицом к ее теплым, сильным и нежным ногам. Она, не открывая глаз, протянула руки, взяла его голову, наклонилась и поцеловала в губы.

Вторая горячая слеза упала ему на лицо. Он почувствовал ее соленую влагу.

– Идите! – тихо сказала она. – И пусть бог поэзии простит вас за все.

Он встал, взял шляпу и быстро вышел.

По всей Вероне звонили к вечерне колокола.

Больше они никогда не виделись, но думали друг о друге все время.

Может быть, поэтому незадолго до смерти Андерсен сказал одному молодому писателю:

– Я заплатил за свои сказки большую и, я бы сказал, непомерную цену. Я отказался ради них от своего счастья и пропустил то время, когда воображение, несмотря на всю его силу и весь его блеск, должно было уступить место действительности.

Умейте же, мой друг, владеть воображением для счастья людей и для своего счастья, а не для печали.

Искусство видеть мир

Живопись учит смотреть и видеть (это вещи разные и редко совпадающие). Благодаря этому живопись сохраняет живым и нетронутым то чувство, которым отличаются дети.

Александр Блок

Человек останавливается, пораженный, перед такими вещами, какие не могут играть никакой роли в его жизни: перед отражениями, которые нельзя схватить, перед отвесными скалами, которые нельзя засеять, перед удивительным цветом неба.

Джон Рескин

Есть неоспоримые истины, но они часто лежат втуне, никак не отзываясь на человеческой деятельности, из-за нашей лени или невежества.

Одна из таких неоспоримых истин относится к писательскому мастерству, в особенности к работе прозаиков. Она заключается в том, что знание всех соседних областей искусства — поэзии, живописи, архитектуры, скульптуры и музыки — необыкновенно обогащает внутренний мир прозаика и придает особую выразительность его прозе. Она наполняется светом и красками живописи, свежестью слов, свойственной поэзии, соразмерностью архитектуры, выпуклостью и ясностью линий скульптуры и ритмом и мелодичностью музыки.

Это все добавочные богатства прозы, как бы ее дополнительные цвета.

Я не верю писателям, не любящим поэзию и живопись. В лучшем случае это люди с несколько ленивым и высокомерным умом, в худшем — невежды.

Писатель не может пренебрегать ничем, что расширяет его видение мира, конечно, если он мастер, а не ремесленник, если он создатель ценностей, а не обыватель, настойчиво высасывающий благополучие из жизни, как жуют американскую жевательную резинку.

Часто бывает, что после прочитанного рассказа, повести или даже длинного романа ничего не остается в памяти, кроме сутолоки серых людей. Мучительно стараешься увидеть этих людей, но не видишь, потому что автор не дал им ни одной живой черты.

И действие этих рассказов, повестей и романов происходит

среди какого-то студенистого дня, лишенного красок и света, среди вещей только названных, но не увиденных автором и потому нам, читателям, не показанных.

Несмотря на современность темы, беспомощностью веет от этих вещей, написанных зачастую с фальшивой бодростью. Ею пытаются подменить радость, в особенности радость труда.

Причина этой тоскливости не только в эмоциональной скудости и неграмотности автора, но в его вялом, рыбьем глазе.

Такие повести и романы хочется разбить, как наглухо заклеенное окно в душной и пыльной комнате, чтобы со звоном полетели осколки и сразу же хлынули снаружи ветер, шум дождя, крики детей, гудки паровозов, блеск мокрых мостовых, – ворвалась бы вся жизнь с ее беспорядочной на первый взгляд и прекрасной пестротой света, красок и шумов.

У нас немало книг, написанных как будто слепыми. Предназначены они для зрячих, и в этом заключается вся нелепость появления таких книг.

Для того чтобы прозреть, нужно не только смотреть по сторонам. Нужно научиться видеть. Хорошо может видеть людей и землю только тот, кто их любит. Стертость и бесцветность прозы часто бывает следствием холодной крови писателя, грозным признаком его омертвения. Но иногда это простое неумение, свидетельствующее о недостатке культуры. Тогда это дело, как говорится, поправимое.

Как видеть, как воспринимать свет и краски – этому могут научить нас художники. Они видят лучше нас. И они умеют помнить увиденное.

Когда я был еще юным писателем, знакомый художник сказал мне:

– Вы, мой милый, еще не совсем ясно видите. Несколько мутновато. И грубо. Судя по вашим рассказам, вы замечаете только основные цвета и сильно окрашенные поверхности, а переходы и оттенки сливаются у вас в нечто однообразное.

– Что же я могу поделать! – ответил я, оправдываясь – Такой уж глаз.

– Ерунда! Хороший глаз – дело наживное. Поработайте, не ленитесь, над зрением. Держите его, как говорится, в струне. Попробуйте месяц или два смотреть на все с мыслью, что вам это обязательно надо написать красками. В трамвае, в автобусе, всюду смотрите на людей именно так. И через два-три дня вы убедитесь, что до этого вы не видели на лицах и десятой доли того, что заметили теперь. А через два месяца вы научитесь видеть, и вам уже не надо будет понуждать себя к этому.

Я послушался художника, и действительно – и люди и

142

вещи оказались гораздо интереснее, чем раньше, когда я смотрел на них бегло и торопливо.

И меня охватило едкое сожаление о глупо потраченном времени. Сколько бы я мог увидеть за прошлые годы превосходных вещей! Сколько интересного необратимо ушло, и его уже не воскресишь!

Это был первый урок, который я получил от художника. Второй урок был нагляднее.

Однажды осенью я ехал из Москвы в Ленинград, но не через Калинин и Бологое, а с Савеловского вокзала – через Калязин и Хвойную.

Многие москвичи и ленинградцы даже не подозревают о существовании этого пути. Он хотя и дальше, но интереснее, чем привычный путь на Бологое. Интереснее тем, что дорога проходит по пустынным и лесистым краям.

Моим попутчиком оказался маленький человек с узенькими, но очень живыми глазами. Одет он был мешковато. Человек этот вез большой ящик с масляными красками и рулоны загрунтованного холста. Нетрудно было догадаться, что это художник.

Мы разговорились. Мой попутчик рассказал, что едет под город Тихвин, где есть у него приятель лесник, будет жить у него на кордоне и писать осень.

– А почему же вы забираетесь так далеко, под Тихвин? – спросил я.

– Там у меня облюбовано одно место, – доверительно ответил художник. – Всем местам место! Такого второго нигде не найдете. Чистый осиновый лес! Кое-где только попадаются редкие ели. Осина дает осенью такой нарядный убор, как ни одно дерево. Лист у нее чистой раскраски. Пурпурный, лимонный, лиловый и даже черный с золотым крапом. Под солнцем получается великолепный костер. Поработаю там до зимы, а зимой подамся на берег Финского залива, за Ленинград. Там, вы знаете, самый лучший иней в России. Нигде я такого инея не видел.

Я сказал, конечно шутя, что при таких познаниях мой спутник мог бы составить ценный путеводитель для художников, где что писать.

– А что же вы думаете! – серьезно ответил художник. – Составить нетрудно. Но только нет смысла. Все набьются в одно место, тогда как сейчас каждый ищет себе красоту в отдельности. А это не в пример лучше.

– Почему?

– Разнообразнее раскрывается страна. В русской земле

столько прелести, что всем художникам хватит на тысячи лет. Но знаете, – добавил он с тревогой, – что-то человек начал очень уж затаптывать и разорять землю. А ведь красота земли – вещь священная, великая вещь в нашей социальной жизни. Это одна из конечных наших целей. Не знаю, как вы, но я в этом убежден. Без понимания этого какой же может быть передовой человек!

Днем я уснул, но вскоре мой сосед разбудил меня.

– Вы уж не сердитесь на меня, – говорил он смущенно, – но лучше встаньте. Разворачивается удивительная картина – гроза в сентябре. Поглядите!

Я взглянул за окно. С юга подымалась тяжелая и высокая, в полнеба, туча. Ее передергивало вспышками молний.

– Мать честная! – воскликнул художник. – Какая уйма красок! Такое освещение никак не напишешь, будь ты хоть сам Левитан.

– Какое освещение? – спросил я растерянно.

– Господи! – с отчаянием сказал художник. – Куда же вы смотрите? Вон видите – там лес совершенно темный, глухой; это на нем легла тень от тучи. А вон, подальше, на нем бледные желтые и зеленоватые пятна: это от приглушенного солнечного света из-за облаков. А вдали он весь в солнце. Видите? Весь как отлитый из красного золота. И весь сквозной. Своего рода золотая узорчатая стена. Или вроде как протянули по горизонту плат, что вышили мастерицы в наших тихвинских золотильнях. Теперь смотрите ближе, на полосу елей. Видите бронзовый блеск на хвое? Это от золотой стены леса. Она обдает ели своим светом. Отраженный свет. Писать его трудно – легко загрубить. А вон, видите, там только слабое сияние, я бы сказал – такая нежность освещения, что нужна, конечно, очень спокойная и верная рука, чтобы его передать. Художник посмотрел на меня и засмеялся.

– Какая сила все-таки у света, отраженного от осенних лесов! Все купе как в зареве. И, в частности, ваше лицо. Вот бы так вас написать. Но, к сожалению, все это мимолетно.

– В этом и дело художников, – сказал я, – чтобы останавливать на столетия мимолетные вещи.

– Стараемся, – ответил художник. – Если это мимолетное не застанет нас врасплох, как сейчас. В сущности говоря, художник никогда не должен расставаться с красками, холстом и кистью. Вам лучше, писателям. Вы эти краски носите в памяти. Смотрите, как все это быстро меняется. Ишь, как лес пышет то светом, то темнотой!

Впереди грозовой тучи бежали на нас рваные облака и

своим стремительным движением действительно перемешали на земле все краски. Путаница багреца, червонного и белого золота, малахита, пурпура и синей тьмы началась в лесных далях.

Изредка солнечный луч, прорвавшись сквозь тучи, падал на отдельные березы, и они вспыхивали одна за другой, как золотые факелы, но тотчас гасли. Предгрозовой ветер налетал порывами и усиливал эту сумятицу красок.

– А небо, небо какое! – закричал художник. – Смотрите! Что оно только творит!

Грозовая туча курилась пепельным дымом и быстро опускалась к земле. Вся она была однообразного аспидного цвета. Но каждая вспышка молнии открывала в ней желтоватые зловещие смерчи, синие пещеры и извилистые трещины, освещенные изнутри розовым мутным огнем.

Пронзительный блеск молний сменялся в глубине тучи полыханием медного пламени. А ближе к земле, между тучей и лесами, уже опустились полосы проливного дождя.

– Каково! – кричал возбужденный художник. – Такую чертовщину не часто увидишь!

Мы переходили с ним от окна в купе к окну в коридоре. Занавески трепетали от ветра и усиливали мелькание света.

Хлынул ливень. Проводник торопливо поднял окна. Косые шнуры дождя заструились по стеклам. Свет померк, и только страшно далеко, у самого горизонта, сквозь пелену дождя еще светилась последняя позолоченная полоска леса.

– Вы что-нибудь запомнили? – спросил художник.

– Кое-что.

– И я только кое-что, – с огорчением сказал он. – Вот пройдет дождь, тогда краски будут крепче. Понимаете, солнце заиграет на мокрой листве и стволах. Между прочим, в пасмурный день перед дождем приглядитесь к свету. До дождя он один, во время дождя – другой, а после дождя – совершенно особый. Потому что мокрые листья придают воздуху слабый блеск. Серый, мягкий и теплый. Вообще изучать краски и свет, милый вы мой, – наслаждение. Я свою долю художника ни на что не променяю.

Художник сошел ночью на маленькой станции. Я вышел на платформу попрощаться с ним. Светил керосиновый фонарь. Впереди тяжело дышал паровоз.

Я позавидовал художнику и вдруг возмутился на всякие дела, из-за которых я должен был ехать дальше и не мог остаться хотя бы на несколько дней в северной стороне. Здесь

145

каждая ветка вереска могла вызвать столько мыслей, что их хватило бы на несколько поэм в прозе.

Совершенно непонятным было то обстоятельство, что на протяжении жизни я, как и каждый, не позволял себе жить по велению своего сердца, а был занят только как будто неотложными делами.

Краски и свет в природе надо не столько наблюдать, сколько ими попросту жить. Для искусства годится только тот материал, который завоевал место в сердце.

Живопись важна для прозаика не только тем, что помогает ему увидеть и полюбить краски и свет. Живопись важна еще и тем, что художник часто замечает то, чего мы совсем не видим. Только после его картин мы тоже начинаем это видеть и удивляться, что не замечали этого раньше.

Французский художник Монэ приехал в Лондон и написал Вестминстерское аббатство. Работал Монэ в обыкновенный лондонский туманный день. На картине Монэ готические очертания аббатства едва выступают из тумана. Написана картина виртуозно.

Когда картина была выставлена, она произвела смятение среди лондонцев. Они были поражены, что туман у Монэ был окрашен в багровый цвет, тогда как даже из хрестоматий было известно, что цвет тумана серый.

Дерзость Монэ вызвала сначала возмущение. Но возмущавшиеся, выйдя на лондонские улицы, вгляделись в туман и впервые заметили, что он действительно багровый.

Тотчас начали искать этому объяснение. Согласились на том, что красный оттенок тумана зависит от обилия дыма. Кроме того, этот цвет туману сообщают красные кирпичные лондонские дома.

Но как бы там ни было, Монэ победил. После его картины все начали видеть лондонский туман таким, каким его увидел художник. Монэ даже прозвали «создателем лондонского тумана».

Если обращаться к примерам из своей жизни, то я впервые увидел все разнообразие красок русского ненастья после картины Левитана «Над вечным покоем».

До тех пор ненастье было окрашено в моих глазах в один унылый цвет. Вся тоскливость ненастья и вызывалась, как я думал, именно тем, что оно съедало краски и заволакивало землю мутью.

Но Левитан увидел в этом унынии некий оттенок величия, даже торжественности, и нашел в нем много чистых красок. С тех пор ненастье перестало угнетать меня. Наоборот, я даже полюбил его за чистоту воздуха, холод, когда горят щеки, оловянную рябь рек, тяжелое передвижение туч. Наконец, за то, что во время ненастья начинаешь ценить простые земные блага – теплую избу, огонь в русской печи, писк самовара, сухую солому на полу, застланную грубым рядном для ночлега, усыпительный шум дождя по крыше и сладкую дремоту.

Почти каждый художник, к какому бы времени и к какой бы школе он ни принадлежал, открывает нам новые черты действительности.

Мне посчастливилось несколько раз быть в Дрезденской галерее.

Помимо «Сикстинской мадонны» Рафаэля, там есть много картин старых мастеров, перед которыми просто опасно останавливаться. Они не отпускают от себя. На них можно смотреть часами, может быть, сутками, и чем дольше смотришь, тем шире нарастает непонятное душевное волнение. Оно доходит до той черты, когда человек уже с трудом удерживает слезы.

В чем причина этих непроливающихся слез? В том, что в этих полотнах – совершенство духа и власть гения, заставляющего нас стремиться к чистоте, силе и благородству собственных помыслов.

При созерцании прекрасного возникает тревога, которая предшествует нашему внутреннему очищению. Будто вся свежесть дождей, ветров, дыхания цветущей земли, полуночного неба и слез, пролитых любовью, проникает в наше благодарное сердце и навсегда завладевает им.

Импрессионисты как бы усилили солнечный свет. Они писали под открытым небом и иногда, может быть, нарочно усиливали краски. Это привело к тому, что земля на их картинах предстала в ликующем освещении.

Земля стала праздничной. В этом не было никакого греха, как нет его ни в чем, что прибавляет человеку хотя бы немного радости.

Импрессионизм принадлежит нам, как и все остальное богатое наследие прошлого. Отказываться от него – значит сознательно толкать себя к ограниченности. Ведь не отказываемся мы от «Сикстинской мадонны» Рафаэля, хотя эта гениальная картина написана на религиозную тему. Мы не так глупы, чтобы не понять, где проходит грань между живописным гением и религией. Не думаю, чтобы хотя бы один советский человек, восхищенный «Сикстинской мадонной», вдруг стал верующим. Нелепость этой мысли очевидна. Почему же мы всерьез считаемся с такими смехотворными мыслями, когда дело касается импрессионистов? Чем опасен для нас новатор Пикассо, импрессионисты Матисс, Ван-Гог или Гоген? Тот, который, кстати говоря, вступил в борьбу с колониальными французскими властями за независимость таитян?

Что в этом опасного или дурного? В каких завистливых или приспособленческих мозгах может появиться мысль о необходимости вычеркнуть из человеческой и, в частности, нашей культуры плеяду блистательных художников?

После встречи в поезде с художником я приехал в Ленинград. Снова открылись передо мной торжественные ансамбли его площадей и пропорциональных зданий.

Я подолгу всматривался в них, стараясь разгадать их архитектурную тайну. Она заключалась в том, что эти здания производили впечатление величия, на самом же деле они были не велики. Одна из самых замечательных построек – здание Главного штаба, вытянутое плавной дугой против Зимнего дворца, по своей высоте не превышает четырехэтажного дома. А между тем оно гораздо величественнее любого высотного дома Москвы.

Разгадка была простая. Величественность зданий зависела от их соразмерности, гармонических пропорций и от небольшого числа украшений – оконных наличников, картушей и барельефов.

Всматриваясь в эти здания, понимаешь, что хороший вкус – это прежде всего чувство меры.

Я уверен, что эти же законы соразмерности частей, отсутствия всего лишнего, небольшого числа украшений, простоты, при которой видна и доставляет истинное наслаждение каждая линия, – все это имеет некоторое отношение и к прозе.

Писатель, полюбивший совершенство классических архитектурных форм, не допустит в своей прозе тяжеловесной и неуклюжей композиции. Он будет добиваться соразмерности частей и строгости словесного рисунка. Он будет избегать обилия разжижающих прозу украшений – так называемого орнаментального стиля.

Композиция прозаической вещи должна быть доведена до такого состояния, чтобы ничего нельзя было выбросить и ничего прибавить без того, чтобы не нарушился смысл повествования и закономерное течение событий.

Как всегда в Ленинграде, больше всего времени я провел в Русском музее и Эрмитаже.

Легкий сумрак Эрмитажных зал, тронутый темной

позолотой, казался мне священным. Я входил в Эрмитаж как в хранилище человеческого гения. В Эрмитаже я впервые, еще юношей, почувствовал счастье быть человеком. И понял, как человек может быть велик и хорош.

Первое время я терялся среди пышного шествия художников. У меня кружилась голова от обилия и густоты красок, и, чтобы отдохнуть, я уходил в зал, где была выставлена скульптура.

Там я сидел очень долго. И чем больше я смотрел на статуи безвестных эллинских ваятелей или на едва заметно улыбавшихся женщин Кановы, тем яснее понимал, что вся эта скульптура – зов к прекрасному в самом себе, что она предвестница чистейшей утренней зари человечества. Тогда поэзия будет властвовать над сердцами и социальный строй – тот строй, к которому мы идем через годы труда, забот и душевного напряжения, – будет основан на красоте справедливости, красоте ума, сердца, человеческих отношений и человеческого тела.

Наша дорога – в золотой век. Он будет. Досадно, конечно, что мы не доживем до него. Но мы должны быть счастливы тем, что ветер этого века уже шумит вокруг нас и заставляет сильнее биться наши сердца.

Недаром Гейне приходил в Лувр, часами просиживал около статуи Венеры Милосской и плакал.

О чем? О поруганном совершенстве человека. О том, что путь к совершенству тяжел и далек и ему, Гейне, отдавшему людям яд и блеск своего ума, уже, конечно, не дойти до той обетованной земли, куда его всю жизнь звало беспокойное сердце.

В этом – сила скульптуры, та сила, без внутреннего огня которой немыслимо передовое искусство, особенно искусство нашей страны. А тем самым немыслима и полновесная проза.

Прежде чем перейти к влиянию поэзии на прозу, я хочу сказать несколько слов о музыке, тем более что музыка и поэзия подчас неразделимы.

Тему этого короткого разговора о музыке придется ограничить только тем, что мы называем ритмом и музыкальностью прозы.

У подлинной прозы всегда есть свой ритм.

Прежде всего ритм прозы требует такой расстановки слов, чтобы фраза воспринималась читателем без напряжения, вся сразу. Об этом говорил Чехов Горькому, когда писал ему, что «беллетристика должна укладываться (в сознании читателя) сразу, в секунду».

Читатель не должен останавливаться над книгой, чтобы восстановить правильное движение слов, соответствующее характеру того или иного куска прозы.

Вообще писатель должен держать читателя в напряжении, вести его за собой и не допускать в своем тексте темных или неритмичных мест, чтобы не давать читателю возможности споткнуться об эти места и выйти тем самым из-под власти писателя.

В этом напряжении, в захвате читателя, в том, чтобы заставить его одинаково думать и чувствовать с автором, и заключается задача писателя и действенность прозы.

Я думаю, что ритмичность прозы никогда не достигается искусственным путем. Ритм прозы зависит от таланта от чувства языка, от хорошего «писательского слуха». Этот хороший слух в какой-то мере соприкасается со слухом музыкальным.

Но больше всего обогащает язык прозаика знание поэзии.

Поэзия обладает одним удивительным свойством. Она возвращает слову его первоначальную девственную свежесть. Самые стертые, до конца «выговоренные» нами слова, начисто потерявшие для нас образные качества, живущие только как словесная скорлупа, в поэзии начинают сверкать, звенеть, благоухать!

Чем это объяснить, я не знаю. Я предполагаю, что слово оживает в двух случаях.

Во-первых, когда ему возвращают его фонетическую (звуковую) силу. А это сделать в певучей поэзии значительно легче, чем в прозе. Поэтому и в песне и в романсе слова сильнее действуют на нас, чем в обычной речи.

Во-вторых, даже стертое слово, поставленное в стихах в мелодический музыкальный ряд, как бы насыщается общей мелодией стиха и начинает звучать в гармонии со всеми остальными словами.

И, наконец, поэзия богата аллитерациями. Это одно из ее драгоценных качеств. На аллитерацию имеет право и проза.

Но главное не в этом.

Главное в том, что проза, когда она достигает совершенства, является, по существу, подлинной поэзией.

Чехов считал, что лермонтовская «Тамань» и пушкинская «Капитанская дочка» доказывают родство прозы с сочным русским стихом.

Пришвин однажды написал о себе (в частном письме), что он «поэт, распятый на кресте прозы».

«Где граница между прозой и поэзией, – писал Лев

Толстой, — я никогда не пойму». С редкой для него горячностью он спрашивает в своем «Дневнике молодости»:

«Зачем так тесно связана поэзия с прозой, счастье с несчастьем? Как надо жить? Стараться соединить вдруг поэзию с прозой или насладиться одной и потом пуститься на произвол другой? В мечте есть сторона, которая выше действительности. В действительности есть сторона, которая выше мечты. Полное счастье было бы соединением того и другого».

В этих словах, хотя и сказанных наспех, высказана верная мысль: самым высоким, покоряющим явлением в литературе, подлинным счастьем может быть только органическое слияние поэзии и прозы, или, точнее, проза, наполненная сущностью поэзии, ее животворными соками, прозрачнейшим воздухом, ее пленительной властью.

В этом случае я не боюсь слова «пленительный» (иными словами – «берущий в плен»). Потому что поэзия берет в плен, пленяет и незаметным образом, но с непреодолимой силой возвышает человека и приближает его к тому состоянию, когда он действительно становится украшением земли, или, как простодушно, но искренне говорили наши предки, «венцом творения».

Прав отчасти был Владимир Одоевский, когда он сказал, что «поэзия есть предвестник того состояния человечества, когда оно перестанет достигать и начнет пользоваться достигнутым».

В кузове грузовой машины

В июле 1941 года я ехал на военной грузовой машине из Рыбницы-на-Днестре в Тирасполь. Я сидел в кабине рядом с молчаливым водителем.

Бурая пыль, раскаленная солнцем, взрывалась клубами под колесами машины. Все вокруг – хаты, подсолнухи, акации и сухая трава – было покрыто этой шершавой пылью.

Солнце дымилось в обесцвеченном небе. Вода в алюминиевой фляге была горячая и пахла резиной. За Днестром гремела канонада.

В кузове ехали несколько молодых лейтенантов. Иногда они начинали стучать кулаками по крыше кабины и кричали: «Воздух!» Водитель останавливал машину, мы выскакивали, отбегали подальше от дороги и ложились. Тотчас со злорадным воем на дорогу пикировали черные немецкие «мессеры».

Иногда они замечали нас и били из пулеметов. Но, к счастью, никто не пострадал. Пули подымали смерчи пыли. «Мессеры» исчезали, и оставался только жар во всем теле от раскаленной земли, гул в голове и жажда.

После одного из таких налетов водитель неожиданно спросил меня:

– Вы о чем думаете, когда лежите под пулями? Вспоминаете?

– Вспоминаю, – ответил я.

– И я вспоминаю, – сказал помолчав водитель. – Леса наши вспоминаю костромские. Останусь жив, вернусь на родину – буду проситься в лесники. Возьму с собой жену – она у меня спокойная, красивая – и девочку, и будем жить в сторожке. Поверите ли, как подумаю об этом, так с сердцем делаются перебои. А водителям это не положено.

– Я тоже, – ответил я. – Вспоминаю свои леса.

– А ваши хороши? – спросил водитель.

– Хороши.

Водитель натянул пилотку на лоб и дал газ. Больше мы не разговаривали.

Пожалуй, никогда я не вспоминал с такой остротой любимые места, как на войне. Я ловил себя на том, что нетерпеливо жду ночи, когда где-нибудь в сухой степной балке, лежа в кузове грузовой машины и укрывшись шинелью, можно вернуться мыслью к этим местам и пройти по ним медленно и спокойно, вдыхая сосновый воздух. Я говорил себе: «Сегодня я пойду на Черное озеро, а завтра, если буду жив, на берега Пры или на Требутино». И у меня замирало сердце от предчувствия этих воображаемых походов.

Вот так однажды я лежал под шинелью и представлял в мельчайших подробностях путь на Черное озеро. Мне казалось, что не может быть в жизни большего счастья, чем опять увидеть эти места и пройти по ним, забыв обо всех заботах и невзгодах, слушая, как легко стучит в груди сердце.

В этих своих мечтах в кузове машины я всегда выходил из деревенского дома ранним утром и шел по песчаной улице мимо старых изб. На подоконниках в жестянках от консервов цвел огненный бальзамин. Его в тамошних местах зовут «Ваня мокрый». Должно быть, потому, что толстый ствол бальзамина просвечивает против солнца зеленым соком и в этом соке иногда даже видны пузырьки воздуха.

Около колодца, где весь день гремят ведрами босоногие болтливые девочки в ситцевых выгоревших платьях, надо свернуть в проулок, или, по-местному, в «прожог». В этом проулке, в крайней избе, живет известный на всю округу красавец петух. Он часто стоит на одной ноге на самом солнцепеке и пылает своим оперением, как груда рдеющих углей.

За петухом избы кончаются, и тянется, заворачивая плавной дугой в дальние леса, игрушечное полотно узкоколейки. Удивительно, что по откосам этого полотна растут совсем не те цветы, что вокруг. Нигде нет таких зарослей цикория, как около горячих от солнца узеньких рельсов.

За полотном узкоколейки непроходимым частоколом стоит молодой сосняк. Непроходимым он кажется только издали. Сквозь него всегда можно продраться, но, конечно, маленькие сосенки исколют вас иглами и оставят на пальцах липучие пятна смолы.

Между сосенок на песчаной земле растет высокая сухая трава. Середина каждой травинки седая, а края темно-зеленые. Эта трава режет руки. Тут же цветет много желтых, шуршащих под пальцами чешуйчатых бессмертников-иммортелей и белой пахучей гвоздики с красноватыми пятнышками на растрепанных лепестках. А под соснами полно молочных маслюков. Их ножки облеплены чистым серым песком.

За сосняком начинается высокий бор. По его краю идет заросшая дорога.

Под первой же раскидистой сосной хорошо прилечь и отдохнуть от духоты молодой чаши. Лечь на спину, почувствовать сквозь тонкую рубашку прохладную землю и смотреть на небо. И, может быть, даже уснуть, потому что белые, сияющие своими краями облака нагоняют дремоту.

Есть хорошее русское слово «истома». За последнее время мы совсем позабыли о нем и почему-то даже стесняемся произносить его. Никаким другим словом нельзя лучше определить то спокойное и немного сонное состояние, какое охватывает вас, когда вы лежите в теплом утреннем лесу и смотрите на бесконечные цепи облаков. Они рождаются где-то в синеватой дали и непрерывно уплывают неведомо куда.

Лежа на этой лесной опушке, я часто вспоминал стихи Брюсова:

... Быть вольным, одиноким,
В торжественной тиши раскинутых полей
Идти своим путем свободным и широким,
Без будущих и прошлых дней.
Срывать цветы, мгновенные, как маки,
Впивать лучи, как первую любовь,
Упасть и умереть и утонуть во мраке,
Без горькой радости воскреснуть вновь и вновь...

В этих стихах, несмотря на упоминание о смерти, была заключена такая полнота жизни, что ничего не хотелось иного, как только вот так лежать часами и думать, глядя в небо.

Заросшая дорога ведет через старый сосновый лес. Он растет на песчаных холмах, сменяющих друг друга с равномерностью широких морских валов. Эти холмы – остатки ледниковых наносов. На вершинах их цветет много колокольчиков, а низины сплошь заросли папоротником. Листья его с изнанки покрыты спорами, похожими на красноватую пыль.

Лес на холмах светлый. В нем далеко видно. Он залит солнцем.

Лес этот тянется неширокой полосой (километра на два, не больше), а за ним открывается песчаная равнина, где зреют, поблескивая и волнуясь под ветром, хлеба. За этой равниной простирается, на сколько хватает глаз, дремучий бор.

Над равниной плывут особенно пышные облака. Может быть, так кажется потому, что широко видно все небо.

Пересекать равнину нужно по меже между хлебов, заросшей репейником. Кое-где на меже большими разливами синеют твердые колокольчики приточной травы.

Все, что я мысленно представил сейчас, – только преддверие лесов В них входишь как в огромный, полный тени, громадный собор. Надо первое время идти по узкой просеке мимо пруда, покрытого ряской, как твердым ярко-зеленым ковром. Если остановиться около пруда, то можно услышать тихое чавканье – это пасутся в подводной траве караси.

Потом начинается небольшой участок сырого березового леса с блестящим, как изумрудный бархат, мхом. Там всегда пахнет палым листом, оставшимся на земле от прошлой осени.

За березовым перелеском есть одно место, о котором нельзя вспоминать без того, чтобы не сжалось сердце.

(Я думаю все это, лежа в кузове грузовой машины. Поздняя ночь. Со стороны станции Раздельной ухают взрывы – там идет бомбежка. Когда взрывы затихают, слышен робкий треск цикад – они испуганы взрывами и пока что трещат вполголоса. Над головой падает трассирующим снарядом голубоватая звезда. Я ловлю себя на том, что невольно слежу за ней и прислушиваюсь: когда же она взорвется? Но звезда не взрывается, а безмолвно гаснет над самой землей. Как далеко отсюда до знакомого березового перелеска, до торжественных лесов, до того места, где всегда сжимается сердце! Там теперь тоже ночь, но беззвучная, пылающая огнями созвездий, пахнущая не бензиновым чадом и пороховыми газами, – может быть, следует говорить «взрывными» газами, – а устоявшейся в лесных озерах глубокой водой и хвоей можжевельника.)

Какое же это место, от которого сжимается сердце? Самое незаметное и простое. За березовым перелеском дорога круто подымается на песчаный обрыв. Сырая низина остается позади, но легкий ветер изредка доносит и сюда, в сухой и жаркий лес, йодистый воздух этих низин.

На пригорке второй привал. Я сажусь на горячую хвою. Все, к чему ни прикоснешься, – сухое и теплое: старые и давно уже пустые сосновые шишки, желтые, прозрачные и трескучие, как пергамент, пленки молодой сосновой коры, пни, прогретые до сердцевины, каждая ветка шершавая и пахучая. Даже листочки земляники – и те теплые.

Старый пень можно разломать просто руками и насыпать себе на ладонь горсть коричневой горячей трухи.

Зной, тишина. Безмятежный день созревшего до соломенной спелости лета.

Маленькие стрекозы с красными крылышками спят на пнях. А на лиловатых и твердых зонтичных цветах сидят шмели. Они сгибают своей тяжестью эти цветы до самой земли.

Я сверяюсь по самодельной карте – до Черного озера осталось еще восемь километров. На эту карту нанесены все приметы – сухая сосна у дороги, межевой столб, заросли бересклета, муравьиная куча, снова низинка, где всегда цветут незабудки, а за ней сосна с вырезанной на коре буквой «О» – озеро. От этой сосны надо свернуть прямо в лес и идти по зарубкам, сделанным еще в 1932 году. Каждый год, они зарастают и заплывают смолой. Их надо подновлять.

Когда найдешь зарубку, то обязательно остановишься и проведешь по ней рукой, по застывшему на ней янтарю. А иной раз отломишь затвердевшую каплю смолы и рассматриваешь раковистый излом. В нем играет желтоватыми огоньками солнечный свет, ближе к озеру начинаются среди леса глухие, глубокие впадины, так крепко заросшие ольхой, что нечего и думать пробраться в глубь этих впадин. Должно быть, это бывшие маленькие озера.

Потом снова подъем в зарослях можжевельника с черными сухими ягодами. И, наконец, последняя примета – ссохшиеся лапти, повешенные на ветку сосны. За лаптями тянется узкая травянистая прогалина, а за ней – крутой обрыв.

Лес кончается. Внизу высохшие болота – мшары, поросшие мелким лесом: березником, осинами и ольхой.

Здесь последний привал. День уже перевалил за половину. Он густо звенит, как рой невидимых пчел. Тусклый блеск волнами ходит по мелколесью от каждого, даже самого слабого ветерка.

Где-то там, в двух километрах отсюда, среди мшар скрывается Черное озеро – государство темных вод, коряг и огромных желтых кувшинок.

Идти по мшарам надо осторожно: в глубоком мху торчат обломленные и заостренные временем, как пики, стволы березок – колки. О них можно жестоко поранить ноги.

В мелколесье душно, пахнет прелью, хлюпает под ногами черная торфяная вода. От каждого шага качаются и дрожат деревья. Нужно идти и не думать о том, что у тебя под ногами, под слоем торфа и перегноя толщиной только в метр, – глубокая вода, подземное озеро. В нем, говорят, живут совершенно черные, как уголь, болотные щуки.

Берег озера немного выше и потому суше мшар, но и на нем нельзя долго стоять на одном месте – след обязательно нальется водой.

К озеру лучше всего выйти в поздние сумерки, когда все вокруг – слабый блеск воды и первых звезд, сияние гаснущего неба, неподвижные вершины деревьев, – все это так прочно сливается с настороженной тишиной, что кажется рожденным ею.

Сесть у костра, слушать треск сучьев и думать о том, что

жизнь необыкновенно хороша, если ее не бояться и принимать с открытой душой...

Так я бродил в воспоминаниях по лесам, потом – по набережным Невы или по голубым от льна холмам суровой псковской земли.

Я думал обо всех этих местах с такой саднящей болью, как будто я потерял их навсегда, как будто больше никогда в жизни их не увижу. И, очевидно, от этого чувства они приобретали в моем сознании необыкновенную прелесть.

Я спрашивал себя, почему я не замечал этого раньше, и тут же догадывался, что, конечно, я все это видел и чувствовал, но только в разлуке все эти черты родного пейзажа возникли перед моим внутренним взором во всей своей захватывающей сердце красоте. Очевидно, в природу надо входить, как входит каждый, даже самый слабый звук в общее звучание музыки.

Природа будет действовать на нас со всей своей силой только тогда, когда мы внесем в ощущение ее свое человеческое начало, когда наше душевное состояние, наша любовь, наша радость или печаль придут в полное соответствие с ней и нельзя уже будет отделить свежесть утра от света любимых глаз и мерный шум леса от размышлений о прожитой жизни.

Пейзаж – не привеска к прозе и не украшение. В него нужно погрузиться, как если бы вы погрузили лицо в груду мокрых от дождя листьев и почувствовали их роскошную прохладу, их запах, их дыхание.

Проще говоря – природу надо любить, и эта любовь, как и всякая любовь, найдет верные пути, чтобы себя выразить с наибольшей силой.